MW01598770

股票作手操盘术

HOW TO TRADE IN STOCKS

杰西·利弗莫尔

（Jesse L. Livermore）著

一位股市天才临终前最真切、最朴实，但
也最有用的肺腑之言

一部浅显易懂却不容错过的认识、了解、
熟识利弗莫尔的简史

一本也许几个小时就能看完，但却值得你
用几年甚至几十年去解读的小书

中国青年出版社
CHINA YOUTH PRESS

图书在版编目（CIP）数据

股票作手操盘术 /（美）利弗莫尔著；杜浩译 .

—北京：中国青年出版社，2012.7

ISBN 978-7-5153-0890-6

Ⅰ.①股… Ⅱ.①利… ②杜… Ⅲ.①股票交易—基本知识 Ⅳ.① F830.91

中国版本图书馆 CIP 数据核字（2012）第 139739 号

股票作手操盘术

作　　者：〔美〕杰西·利弗莫尔

译　　者：杜　浩

责任编辑：肖妩嫔

美术编辑：张　建

出　　版：中国青年出版社

发　　行：北京中青文文化传媒有限公司

电　　话：010-65511270/65516873

公司网址：www.cyb.com.cn

购书网址：zqwts.tmall.com　www.diyijie.com

制　　作：中青文制作中心

印　　刷：三河市文通印刷包装有限公司

版　　次：2013 年 6 月第 2 版

印　　次：2015 年 3 月第 7 次印刷

开　　本：787×1092　1/16

字　　数：80 千字

印　　张：9

书　　号：ISBN 978-7-5153-0890-6

定　　价：25.00 元

序 言
PREFACE

　　杰西·利弗莫尔所从事的事业是投机领域的一条光明大道。年轻时他便义无反顾地投身股市，并作为投机天才广为人知。在投机领域，他如彗星一样闪过天空，有"百万抢钱小子"之称。

　　他的确是个名副其实的抢钱家，他在股市上的操作规模使得整个华尔街都惊呆了。但是，在他一生的投机中，从来不指望盲目的机遇。他每次看似无意的举动，其实都极具天赋，而支撑这一切的则是他大量的研究和顽强的耐心。

　　在长达40年的投机生涯中，杰西·利弗莫尔对国内和国际的经济形式都进行了近乎疯狂的刻苦研究。在股票市场中，他孜孜不倦地研究、讨论、梦想、生活和交易着，摸爬滚打整整40年。在他的世界中，随处可见价格波动、科学运算以及对未来股市行情的精准预测。

　　能够认识与我同时代的那些伟大的投机者，并能近距离观察他们魔幻般的交易，是我今生最大的荣幸。就智力与天分而言，我认为杰西·利弗莫尔是20世纪见证的最伟大的投机家和最伟大的市场分析家。我在自己的一本书中曾经说过：即使他失去了最后一美元，但只要他能借到一小笔本金，把自己和报价机锁在一个房间里积极交易，不出数月，他就能东山再起，手握重金。这就是他才华的所在。

15 岁时，利弗莫尔创造了他第一次奇迹，他第一次股票买卖只用 5 美元却连续赚回了 1000 美元，当他把这些钞票一股脑儿地倒在母亲的腿上时，他的妈妈简直惊呆了。

随后，他在一家经纪公司找到了一份在黑板上抄写交易价格的差事。他仅用了一年时间就完成了四年的数学运算学习。在此期间，他又一次创造了股票投机的奇迹。

此后，他不断地创造新的奇迹。在此书中，利弗莫尔提到了很多交易的基本准则，它们极科学，又极有趣；极简单，又极精准。即便这算不得奇迹，但至少算是一个令人惊奇的新开始。

显然，每一个伟大的投机者都有自己独特的操作方法和研究手段，这是他宁愿冒着巨大风险去获取成功的独门绝技。这些方法像秘密一样被小心翼翼地保护着，尽管有时它们让人捉摸不透，但更多的时候它们是行之有效的基本准则。

因此，坦率地说，当杰西·利弗莫尔揭开股市神秘面纱，公开宣扬将时间和价格因素相结合的股市规则时，他注定是那个人才辈出的时代中最杰出的投机家，而这本小书呈现给世人的将是杰西·利弗莫尔历经 40 年投机研究的丰硕成果和思想精髓。

在这位声名显赫的投机家叱咤风云的传奇中，这本书向世人揭开了新的篇章。

爱德华·杰罗姆·戴斯

目 录
CONTENTS

◎ 投机者必须对最初的小额亏损进行及时止损，以免给自己带来更大的损失。只有这样，才能将资金账户维持在很好的状态，最大程度地保存自己的资金实力。

◎ 成功的投机者绝对不会允许自己仅仅依靠单纯的猜测来进行市场操作。为了确保自己能更长久更稳妥地获得成功，投资者或投机者必须牢牢掌握适合自己的股市判断准则。

◎ 当我在行情记录上看到某只股票已经进入上涨行情，我会先等到股价出现正常的向下回调现象后，当股价再创新高时才立刻买进。

◎ 当一只股票的价格开始下跌时，没人能够预测到它的底部在哪。同样，在一轮显著的上涨行情中，也没人能够预测到它的顶部在哪。绝对不要因为某只股票看起来价格太高就卖掉它。反过来，绝对不要因为某只股票从前一个最高点大幅下跌就买进它。

◎ 在获悉一则新闻后，你必须第一时间站在市场的角度，独立分析这则新闻可能对股市行情造成的影响。你要尽可能地预测这则新闻在一般投资者心中所引发的心理效应——尤其要重点推测与这则新闻息息相关的人的反映。

◎ 一个人不可能在所有的投机中始终保持成功。

◎ 小规模的回调现象是非常正常的。永远不要担心这种正常的现象。相反，对于那些不正常的现象一定要保持高度的警惕。

◎ 当市场发出危险信号时，我从不和它较劲。我会明智地选择离场！几天之后，如果所有的情况都表明这是虚惊一场的话，也没关系，至少我的决定没有带来大的损失，而且我总能找到机会再次入场。

◎ 绝大多数投机者即使有了对危险信号的警惕感，仍然会遇到很多麻烦。这些麻烦往往是由于他们自身内在的弱点造成的，这些弱点使得他们没有足够的勇气在应当离场时果断地平仓离场，他们总是犹豫不决，在犹豫的时候，他们眼睁睁看着持有的股票损失了很多点。

◎ 那些终日企图在市场小规模的波动中获利，甚至不愿意放过任何一次微小的赚钱机会的投机客，永远不可能在下一轮重大行情发生时占据一席之地。

◎ 切记，不要和股市讨价还价，尤其不能冒险与之对抗。

◎ 在股票市场上四处撒网、泛滥投资也是非常危险的。我所指的是，不要同时投资太多只股票，同一时间关注几只股票也许还能胜任，同一时间关注许多只股票则会使得你分身乏术、不堪重负。

◎ 当你已经明确看到某一特定股票板块的行情进入拐点时，不妨马上付诸行动。但是，绝不要因此而纵容自己以同样的方式对待其他还未出现明显拐点的股票板块，除非你已经清楚地看到了那个股票板块已经开始跟进的信号。耐心！等待最佳的时机！

◎ 一定要集中精力分析研究当天行情中表现最突出的那些股票。如果你不能从那些活跃的领涨股票上赢利，那么也就不可能在整个股票市场赚得盆满钵盈。

◎ 万变不离其宗——追随领涨股。与此同时，一定要时刻保持敏锐的感觉和灵活的思维。请始终牢记，今天的领涨股也许不再是两年后的领涨股。

第四章 真正到手的财富

◎ 面临亏损的仓位时，不能在低位再次买进以摊低平均成本。如果执意要使用这种不健全的方法，那么就一定要坚持到底。

◎ 在没有确保财务安全之前，请不要轻率地进行任何交易。任何经不起考验的投机都将导致你的金钱亏损。

◎ 一旦得到追加保证金的通知，就应该意识到你站在了市场错误的那一边。此时最正确的做法应该马上平仓，把这些资金妥善地保管起来，耐心等待新的一天、新的机会，然后明智地把它投入到其他更有吸引力、回报率更高的地方，而不应该再投放到已经亏损的交易上。

◎ 拿在手中的钱可以使你感受到一种对金钱的强烈占有欲，在你做出任何刚愎自用的投机决策时，这种感觉会减弱你的这种冲动。因此一定要经常看一看，感受一下你所拥有的真正的金钱，尤其是在你这次交易和下次交易的间隙之间。

◎ 无论你处理的收益盈余是巨额财富，还是微小利润，都应该记住：这些钱是你的，不是别人的。只有你谨慎守护它，它才会始终对你不离不弃。

◎ 在股票交易中，很少有人能单纯依靠偶尔的内幕消息或他人建议获利。

◎ 及时入市是非常必要的！在整个行情的变化过程中，股价势必会不时出现不同程度的小规模回调或者反弹，而我完全不为之所动，一直坚守到最后的可靠保障正是这段前期的利润储备。

◎ 一旦投机者能够确定某只股票的关键点，并善于理解如何运用关键点来进行交易，那么他从一开始就能够非常有把握地做出正确的行情判断。

◎ 如果该股票在突破关键点之后没有出现应有的趋势，那么这就是市场向你发出的一个危险信号，此时必须密切关注，提高警惕！

◎ 一定要密切观察股票突破关键点之后的行情发展情况。我发现，如果某只股票突破关键点后并没有迸发出强劲的活力的话，那么市场趋势很容易掉头，偏离原来的发展方向。

◎ 谨防一切内幕消息。

◎ 慎重选择交易时机是绝对必要的，急于求成则必将付出惨重代价。

◎ 太多的投机者总是任凭一时冲动买进或卖出股票，这导致他们几乎会在同一个价位上满仓买入。这种方式是极其错误而且危险的。

◎ 建仓后，你要有一个明确的心理预期，即在万一决策失误的情况下，愿意承担多大的亏损风险。根据这个理论，你也许会产生一两次的决策失误，并造成一些亏损。但是，只要在市场到达你认定的关键点时，始终坚持再次入市，那么一旦真正的市场行情开始启动，你就已经置身场内，胜券在握了。

◎ 市场会简单明了地告诉我们什么时候在犯错误，因为犯错误时我们一定在赔钱。当我们第一次认识到自己正在犯错误时，就是当机立断清仓离场之时，我们应该勇于接受亏损的事实，努力保持微笑，并仔细研究行情记录，尽量找出导致错误的原因，然后耐心静候下一次大机会。

◎ 投机性市场允许卖空有很大的价值，因为持有卖空头寸的人会变成主动购买者，一旦市场出现恐慌，主动买入者的购买行为就会对市场起到至关重要的稳定作用。

◎ 为什么要害怕失去那些从来没有真正拥有过的东西呢？这种害怕失去的焦虑导致投机者太急于将账面利润套现。其实，那时应该更耐心一点，鼓起勇气持仓到底。

◎ 我坚信，未来成功的半投资者将一定会有更大的耐心，他们只有在市场的心理时刻真正到来时才会入市操作。最终，也只有他们能够从每一轮大小规模的市场行情中获得比纯粹的投机者更大的利润。

◎ 终日在股市中买进卖出，捕捉小规模的日内波动。这是不对的，幸亏我及时清醒地认识到这个错误。从此以后，我决定忽略所有股票价格的微小波动。

◎ 一轮回升行情或者回调行情并不意味着此前的市场趋势正在改变，仅仅表明市场正在经历一个自然的运动过程，市场趋势依然会与自然回升或回调现象发生之前保持一致。

◎ 即使你的价格记录已经向你发出了明显的入场信号，要想获得巨大的成功，同时还必须鼓起勇气和迅速行动，犹豫不定会导致你在股市中毫无立足之地。

◎ 如果你仍然寄希望于等待别人给出某种解释、理由或者保证才开始行动的话，那么你将永远把握不住本属于你的机会。

投机面临的挑战

THE CHALLENGE OF SPECULATION

利弗莫尔心得

我的经验足以证明，在投机买卖中真正赚得的利润，都来自那些一开始就保持盈利的头寸。

投机者必须对最初的小额亏损进行及时止损，以免给自己带来更大的损失。只有这样，才能将资金账户维持在很好的状态，最大程度地保存自己的资金实力。

成功的投机者绝对不会允许自己仅仅依靠单纯的猜测来进行市场操作。为了确保自己能更长久更稳妥地获得成功，投资者或投机者必须牢牢掌握适合自己的股市判断准则。

当我在行情记录上看到某只股票已经进入上涨行情，我会先等到股价出现正常的向下回调现象后，当股价再创新高时才立刻买进。

当一只股票的价格开始下跌时，没人能够预测到它的底部在哪。同样，在一轮显著的上涨行情中，也没人能够预测到它的顶部在哪。绝对不要因为某只股票看起来价格太高就卖掉它。反过来，绝对不要因为某只股票从前一个最高点大幅下跌就买进它。

在获悉一则新闻后，你必须第一时间站在市场的角度，独立分析这则新闻可能对股市行情造成的影响。你要尽可能地预测这则新闻在一般投资者心中所引发的心理效应——尤其要重点推测与这则新闻息息相关的人的反映。

世界上有这样一种游戏，它至始至终都充满诱惑和魔力，我们将其称之为投机。然而，这个游戏并不适合所有的人，愚笨之人、懒惰之人、心智不健全之人、幻想一夜暴富之人都不能贸然加入，因为这些人的弱点会导致他们在充满风险的投机市场上最终一贫如洗。

多年以来，我只要参加宴会，就总会有陌生人特意走过来坐到我旁边，在和我短暂的寒暄之后，便开始着急地询问我：

"我怎样才能从股市中挣到钱呢？"

在我还年轻的时候，我会激情澎湃地努力跟他解释，他的问题是多么不切实际。要想寻求一种既快速又简捷的投资挣钱方式，远没有想象中那么简单，他会遇到不计其数的困难。或者我会选择彬彬有礼地找个借口，从尴尬的气氛中抽身而出。然而，最近这些年我对这样的问题失去了耐心，我会直言不讳地回答："不知道。"

　　遇上询问这种问题的人，其实是很难耐心面对的。如果他询问的对象是一个对投资和投机进行过科学研究的人的话，那么这种提问方式是很欠考虑的，因为它连根本的恭维都算不上。如果这位外行朋友向一位律师或一位外科医生请教同样的问题："我怎样才能在法律或者外科手术上快速地挣更多的钱呢？"这样看起来也许才公平一点。当然，他通常不会这么做。

　　尽管我对这种急功近利的人有点失望，但是话说回来，对于真心想要在股票市场投资或投机的人来说，如果能有一份指南或者路标为他们指明正确方向的话，我坚信他们一定会非常愿意努力去研究和实践来获得应有的回报。本书就是为这些人而写的。

　　这本书旨在讲述我在投机事业中亲身体验过的那些不同寻常的经历——其中有失败的经历，也有成功的经历，以及所有这些经历给予我的经验教训。随着讲述的慢慢深入，我在交易实践中采用的时间要素理论也会越来越清晰地呈现在你面前，对于成功的投机买卖来说，我认为时间要素理论是最重要的因素。

　　在开始下一步讨论之前，请记住我的忠告，你的成功与你在自身行动的努力中所体现出来的诚信和真诚是紧密相连的。这些努力包括亲自维持行情记录，独立思考，并得出自己的结论。我想如果你稍微明智一点的话，你就不会仅仅要求自己读《如何保持身体健康》，而让别人去代替你锻炼身体。同样，如果你诚心实意地想要遵循我的准则——将时间和价格二要素紧密结合，那么你也不可以让别人代替你去做维持行情记录的工作。关于这个准则，我将在后面的章节中详细阐述。

在这里，我唯一能做的就是为你指明方向，股市投机的漫漫长路还是需要你自己去探索。如果我的引导能让你在股票市场上有所斩获，我将欣慰至极。

本书的读者对象是具有一定投机倾向的人，我会将自己在多年的投资和投机生涯中的经验教训以及我所积累的观点和想法在书中与大家一起分享。无论是谁，如果你天生具有投机倾向，而且也有意愿进行投机，那么请把投机当成一项严肃的事业，并为此付出足够的心血，努力敬业，千万不能自贬身价，像门外汉那样将投机视为纯粹的赌博。如果我所秉持的理论是正确的，也就是说"投机是一项严肃事业"这个大前提成立的话，那么所有有志于参与投机事业的朋友都应该充分挖掘现有的数据资料，竭尽所能努力学习，使自己对这项事业有最深的领悟。我在过去的40年中，始终致力于把自己从事的投机活动当成一项伟大的事业，我成功找到了在这个领域里非常有价值的一些规律，而且我还将继续努力探索新的规律。

无数个夜晚，我躺在床上反复思考，为什么自己不能预见未来的一些市场行情。于是，第二天我早早便会醒来，脑海中就会诞生一个新的想法。我迫不及待地去核查我的历史行情记录，以此来验证我的那个新想法是否可行。绝大多数时候，我的那些新想法与百分之百正确的规律还相差甚远，但在这些新想法中总会产生一些正确的东西，而在思考的过程中我的潜意识已经把这些有益的东西牢牢记住了。也许，一段时间后我又会有新的想法，我还是会一如既往地马上去验证这种想法是否可行。

随着时间的推移，我的各种想法日渐清晰而具体。在记录股票行情时，我逐渐开始创建和完善一种具体可行的新方式，我将这种新的行情记录方式作为判断市场的指南针。

值得欣慰的是，我的理论和实践都已经证明，所谓"万变不离其宗"，不管是在投机生意，还是在证券和商品市场的投资中，永远都不会出现超出规律之外的全新的东西。我们必须清楚：有时，市场条件允许我们投机；有时，市场条件不允许我们投机。俗话说："你可以赢一场赛马，但你不可能赢所有赛马。"用这句话来形容我们的市场操作再合适不过了。的确，有些时候我们可以在股票市场投资或投机中赚到钱，但是如果我们一直在股票市场投资或投机中摸爬滚打的话，就不可能保证自己永远赚钱，从不失败。只有有勇无谋的人才会有这种想法。事实上，只赚不赔这种的事情本来就不会发生，所以永远不要对此抱有任何希望。

为了投资或投机成功，我们必须对某只股票下一步的趋势走向有自己的判断。投机，就是预测未来市场的运动。我们必须努力建立一个坚实的判断基础，才能确保自己预测的正确性。举个例子，在获悉一则新闻后，你必须第一时间站在市场的角度，独立分析这则新闻可能对股市行情造成的影响。你要尽可能地预测这则新闻在一般投资者心中所引发的心理效应——尤其要重点推测与这则新闻息息相关的人的反应。如果从市场角度来对股市行情进行判断的话，你会产生明确的看涨或看跌的市场预期。在等到股市变化本身验证你的判断之前，千万不要轻率地认定自己的判断就是正确的，只有在通过股市本身的验证之后，才能对自己的判断盖棺定论，因为股市的市场效应未必如你所预期的那样明确。你的预期反应的是"是怎样"，而市场效应反应的则是"应该怎样"。下面举个实例来详细阐述一下这个观点。如果股市在一个明确的趋势方向上持续了一段时间，那么此时出现的一则看涨或者看跌的消息对股市的走向也许产生不了任何作用。或许，当时市场本身已经处于超买或超卖状态，这种状态下的市场对这则消息肯定会视而不见。当看涨或者看跌的消息不足以对市场造成影响时，在相似条件下的股票行情的历史记录，对于投资者或投机者就具有了不可估量的参考价值。此时，你要做的就是彻底放弃自己对股票市场的个人看法，转而将注意力完全投向市场变化本身。因为市场永远不会错，但个人的看法却经常会出现偏差。对投资者或投机者来说，除非你的个人观点能左右市场的变化，否则你的个人观点将变得一文不值。在今天的股市中，没有任何个人或者组织可以人为地制造市场行情，或者阻止市场行情。也许有人能够对某只股票形成自己的判断，坚信这只股票将可能进入一轮显著的上涨或下跌行情，而且可以肯定他的判断也非常正确，因为市场最终如他所预测的那样发生变化了。即便如此，他仍然有赔钱的可能性。原因之一，他可能过早地执行了自己的判断。因为他坚信自己的预测是正确的，于是迫不及待地采取了行动，但是就在他刚刚入场下单，还没来得及等待股票上涨的时候，股票行情就朝着他预测的相反方向发展了。慢慢地，行情越来越严峻，他也被不利的行情折磨得越来越疲惫，于是万般无奈地选择了平仓离场。可是几天后，行情走势突然又沿着他预测的方向发展了，于是他再次入市，但是他刚进去，股票行情又朝着不利于他的方向发展了。这一次他又开始怀疑自己的判断，不得已的情况下，他又一次仓皇平仓离场。终于，这只股票等来了它真正的大趋势，但是由于他总是急于求成，没有耐心等待最佳时机，连续犯了两次错误，导致他在这次真正的大趋势来临时反而失去了入场的勇气。当然，还有一种可能就是他已经把资金和注意力投向了别的地方，在这只股票上已经没法再投入资金了。因此，欲速则不达，等到这只股票真正的行情启动时，由于过早地将自己的预测付诸行动导致的操作不当，使得他已经失去了这次大好的挣钱机会。

还有一个观点我必须强调一下，如果你已经对某只或某些股票已经有了明确的判断和预测，也千万不要迫不及待地马上按照你的想法去行动。一定要从市场的角度，耐心观察它或它们的行情变化，只有在找到基本的判断依据后才能伺机而动。

举个例子，某只股票当前的成交价为 25 美元，此前它已经在 22 美元到 28 美元的这个区间徘徊了很长一段时间。假如你预测这只股票最后将上涨到 50 美元，也就说现在这只股票的成交价格是 25 美元，而你预测它能上涨到 50 美元。别激动！一定要耐心等待！等这只股票表现出活跃的态势，等它越过 28 美元这个关键点，创下历史新高，比如上涨到 30 美元。这时，你才能从这只股票的真正走势中证实你的判断是正确的。这只股票已经进入了极其强势的状态，不然根本达不到 30 美元的交易价格。只有观察到这只股票出现了这些变化后，你才能判断，这只股票很可能处在大幅上涨过程中——大趋势已经开始启动了。到了这个时候，你就可以为自己的判断盖棺定论了。如果你没有在 25 美元的时候买进，也千万不要懊恼。也许，如果你真的在那个价位买进的话，结果很可能没有你想象的那么乐观。我们可以设想一下：如果你在 25 美元买进，此后股票价格在 22 美元到 28 美元的区间内徘徊了很长一段时间，在此期间，你耐心地等啊等啊，直到被折磨得疲惫不堪，也没等到股票大幅上涨行情的到来。于是，在真正的上涨行情启动之前，你就已经痛苦地抛掉了原来的仓位。正因为你是在上涨行情没有真正到来之前以较低价格卖出的，所以你也许会懊恼自己过去不明智的行为，从而错失了后来本可以再次买进的机会。

我的经验足以证明，在投机买卖中真正赚到的利润，都来自那些一开始就保持盈利的头寸。下面，我将列举一些自己的实际操作案例，在这些案例中你将发现，我会选择一个最有利的心理时间来投入第一笔交易——这个时间可以理解为：如果此时市场表现很活跃，并有保持这种势头继续向前发展的强劲趋势，而且这只股票之所以能保持如此强劲的势头，绝不是因为我的操作，而是因为它背后有股强大的力量，促使它不得不向前发展。这个时候就是我所说的最有利的心理时间。过去，我曾经也像其他很多投机者一样，没有足够的耐心去观察市场信号的出现，以等待这种百发百中的机会。我当然也渴望每时每刻都持有市场头寸，并永远获利。你可能会问："你经验那么丰富，为什么还让自己犯这种错误呢？"答案很简单，我也是人，必定会有人性的弱点。如同所有的投机者一样，我有时候也因为急躁情绪而失去耐心，从而丧失了良好的判断力。投机交易像极了纸牌游戏，无论扑克牌、桥牌还是其他类似的游戏。我们每个人身上都有一个共同的人性弱点，那就是每一次轮流下注时，都想参与其中；每一手牌，都想赢！不可否认，每个人都或多或少受到这个共同弱点的诱惑，而这一弱点会成为投资者和投机者的最大敌人，如果不及时对它采取适当的防范措施，这一弱点最终将导致他们交易的全盘崩溃。的确，满怀希望是人的一个显著特点，同样，担惊受怕也是人的另一个显著特点，然而一旦你将希望和害怕这两种情绪带进投机事业，就会面临一个非常可怕的危险局面，因为你经常会被这两种情绪困扰，从而使自己很难真实地区分和掌控它们，这将导致你在投机交易中总是错误地被相反的情绪所笼罩——本该担惊受怕的时候却满怀希望，本该满怀希望的时候却担惊受怕。

举个例子，假设你在 30 美元的价位买进一只股票，第二天，这只股票很快就上涨到 32 美元或者 32.50 美元，你可能马上就变得紧张不安，担心如果不套现的话，明天可能就会眼睁睁看着这些本已经属于你的利润化为泡影。于是，你自以为聪明地平仓卖出了这只股票，顺利把这一小笔利润拿到手中。其实，就在你平仓卖出的时刻，恰恰应该是你对这只股票满怀希望的时刻！因为就在昨天，这 2 个点的利润还没有出现，为什么你现在要害怕失去这 2 个点的利润呢？你为什么不想想，如果你能在一天的时间里挣到 2 个点的利润，那么明天你也许可以再挣 2 个点或 3 个点，下一周没准又能多挣 5 个点。只要这只股票沿着你预测的方向正常运行，整个股市行情也没有出现大的波动，就不要急于把利润落袋为安。你要确信你的判断是正确的，因为如果不是，那么你一开始就根本不会获得任何利润。放心地驾驭着利润一起奔跑吧，只要市场没有发出任何让你担心的信号，那就耐住性子，坚定信念，胆大心细地坚持到底。也许，你最终会赚到一笔非常可观的利润。再举个相反的例子，假如你在 30 美元的价位买进了某只股票，第二天它就跌到 28 美元，一下亏损了 2 个点。你当时也许根本不担心明天这只股票可能会继续跌 3 个点或更多，你也许只是把当前的这种下跌趋势看成是股票短暂的正常反向波动，你始终觉得第二天这只股票肯定还会回到之前的价位。其实，这本是你该担心忧虑的时候，然而你却盲目乐观。你为什么不想想，在这 2 个点的亏损之后，这只股票的下跌趋势可能会加剧，也许第二天会再亏损 2 个点，下周或下半个月可能会继续亏损 5 个点或 10 个点。这时你应该加强警惕，因为一旦你没有及时止损出市，后果将会非常严重，你可能被迫承担更大的亏损。此时最明智的做法就是果断地做出决定，卖出股票来确保本金的安全，以免亏损越来越大，最终导致局面失控，变得不可收拾。

　　事实上，利润总能自己照顾自己，但亏损则永远不会自行止步，因此投机者必须对最初的小额亏损进行及时止损，以免给自己带来更大的损失。只有这样，他才能将资金账户维持在很好的状态，最大程度地保存自己的资金实力。也许在不久的将来，当他心中有了较为可行的成熟想法时，他保存下来的资本账户还能帮助他重整旗鼓。这些资金不仅可以用来建立新仓位，而且还能为他购买与过去犯错误时同等数额的股票。俗话说："留得青山在，不怕没柴烧。"确保投机事业持续下去的唯一秘诀就是，小心守护自己的资本账户，绝不允许亏损大到足以威胁未来交易的程度。由此可见，投机者必须成为自己的保险经纪人。总之，我认为：作为一个成功的投资者或投机者，他在入市做多或做空之前必定会有非常充分的理由，而且他们必定是根据自己独特的股市判断准则来确定首次入场建仓的时间。

　　在这里我必须再次强调，当股票行情真正启动时，一定会出现明确的交易时机。我坚信，任何具有投机者本能和耐心的人都一定会想方设法建立某种股市判断准则，借以正确预测入场建仓的最佳时机，成功的投机者绝对不会允许自己仅仅依靠单纯的猜测来进行市场操作。为了确保自己能更长久更稳妥地获得成功，投资者或投机者必须牢牢掌握适合自己的股市判断准则。在千变万化的股市中，对我来说很实用的判断准则，也许对其他人却没有任何价值。为什么会这样呢？如果这些判断准则对我具有难以估量的价值，为什么就不能同样适合你呢？答案很简单，因为没有任何准则是完全正确的。假如我通常采用某种判断准则来进行投资或者投机，我自然深知如何在股市中恰如其分地运用它，它的前因后果我都了如指掌。如果我买的股票没有出现我所预期的那种表现，我第一时间就可以断定时机还没有成熟，因此我果断地平仓离场。也许几天之后，我的判断准则又明确暗示我可以再度进场，于是我会毫不犹豫地再次进场，很可能这一次就是百分之百正确的。我坚信，任何人只要愿意付出时间和心血去研究价格的波动规律，就一定能及时建立自己的股市判断准则，毋庸置疑，这些准则将在他未来的股票投机或投资交易中发挥重要的作用。在本书中，我介绍了自己的一些股市判断准则，它们在我的投机活动中有着至高无上的价值。

很多交易员都亲自维护股票平均指数图表或记录，他们不厌其烦地反复推敲、琢磨这些图表和记录。毫无疑问，这些平均指数的图表常常可以揭示某种显著的趋势。但就我个人而言，我从来就没有对这些图表产生过任何兴趣。我认为，它们夹杂在一起过于混淆不清。虽然股票平均指数的图表对我的吸引力不大，但是我却偏好维持股票行情的记录，而且狂热程度不亚于那些维持图表的同行们。也许他们是正确的，也许我是错误的。

我之所以坚持不懈地对股票行情进行记录，是因为我的记录方式能够为我清晰地揭示当前正在发生的市场行情。此外，我还注意到要把时间要素考虑进去，只有这样，我的行情记录才能更有效地帮助我正确判断未来的市场行情。我坚信，通过维持合适的股票行情记录，并综合考虑时间要素（我将在后面章节中详细阐述），我们就能对未来的股票行情做出可靠而精确的预测，前提是我们必须拥有足够的耐心。

请努力让自己熟悉一只股票，或者熟悉很多不同的股票板块。如果你能根据自己的行情记录准确推算时间要素，那么总有一天，你能准确判断出重大行情到来的时机。如果你可以针对行情记录进行正确解读，那么你就能在任何股票板块中挑选出它的领涨股。再重申一遍，你必须亲自维护行情记录，亲手记录数字，千万不能让任何人代替你做这些工作。在你身体力行的过程中，你会惊奇地发现你的脑海中会时时涌现出各种各样的新点子。最为可贵的是，这些点子是任何人都没法教给你的，因为它们是你自己观察和思考得来的，只有你自己知道，因此你应当保守这些秘密。

在本书中，我告诉了投资者和投机者一些"禁忌"。其中一条主要规则就是，绝对不能把投机和投资混为一谈。投资者之所以常常遭受巨大的亏损，没有别的原因，就是因为他们当初抱着投机的心态来进行股票交易，结果可想而知，他们因此付出了极大的代价。

我们也许经常会听到一些投资者说："我一点都不用担心股票行情波动，也根本无需担心经纪人会送来追加保证金的通知，我从来就没想过投机这回事。我买股票就是为了投资，如果股价下跌，我也用不着担惊受怕，因为我会长期持有，直到它们涨回来。"

毋庸置疑，这些投资者最初肯定是相信这些股票具有很好的投资价值，才会买进那些股票，但这些股票后来不幸地遭遇了市场环境的剧烈变化。于是，当初投资者极其看好的"价值型股票"就转变成了纯粹的"投机型股票"，其中一些股票因为损失惨重，甚至退市了。当初的投资转眼间化为乌有，投资者的宝贵财富也蒸发得无影无踪。之所以出现这样的结果，是因为投资者没有清醒地意识到，即使他打算长期持有这些"投资型股票"，他也应该明白他所持的股票是必须接受新市场形势的考验，有时候投资者不得不承认，新的形势也许会不利于这些股票的赢利。其实，在这位投资者认清楚新的市场形势之前，这只股票的投资价值已经受到了损害。因此，投资者也应该像成功的投机者那样，如履薄冰地守护自己的资本账户。那些自诩为"投资者"的人如果能够做到这一点，将来就不会被迫变成投机者了。最重要的是，他们的财富也就不会大幅缩水了。

过去，大家都认为把钱放在纽约—纽黑文—哈特福特铁路公司（New York, New Haven & Hartford Railroad）进行投资，比存进银行更安全。1902 年 4 月 28 日，纽黑文的股票价格为每股 255 美元。1906 年 12 月，芝加哥—米尔沃基—圣保罗公司（Chicago, Milwaukee & St. Paul）的股票价格为 199.62 美元。当年 1 月，芝加哥西北公司（Chicago Northwestern）的股票价格为每股 240 美元。同年 2 月 9 日，大北方铁路公司（Great Northern Railway）的股票价格为每股 348 美元。当时所有这些公司都在给股民派发丰厚红利。

现在，我们再来看看当年那些"投资型股票"经过几十年后的表现吧。1940 年 1 月 2 日，它们的成交价格如下所示：纽约—纽黑文—哈特福特铁路公司每股 0.50 美元；芝加哥西北公司股价为 $\frac{5}{16}$，大约每股 0.31 美元；大北方铁路公司每股 $26.62\frac{1}{2}$ 美元，这一天没有芝加哥—米尔沃基—圣保罗公司股票成交价格。但在 1940 年 1 月 5 日，它的价格为每股 0.25 美元。

与上述股票有着类似遭遇的股票不胜枚举，它们当年被投资家热捧，是炙手可热的"投资型股票"。但在几十年之后，它们今天的价值却严重缩水，有些股票甚至一文不值。于是，伟大的投资就这样土崩瓦解，那些所谓的投资者眼睁睁看着巨额财富慢慢消逝，最终化为泡影。

当然，投机者在股市上也会赔钱。但是我始终坚信一点，那就是与那些对股票放任不管的所谓投资者亏损的巨额资金相比，投机者在纯粹的投机活动中亏损的资金要少得多。

在我看来，这些投资者才是名副其实的大赌徒。他们投下赌注，一赌到底，一旦赌注压错了，就输得彻头彻尾。在这些投资者买进的同时，投机者或许也会买进同一只股票，但是，如果这是一位明智的投机者，而且一直维持股票行情记录的话，那么他将意识到市场的危险信号正在警告他，所有的形势都对他不利。此时如果他立即采取行动，就能及时止损，保存资金实力，这样就可以等待更有利的时机再入场。

当一只股票的价格开始下跌时，没人能够预测到它的底部在哪。同样，在一轮显著的上涨行情中，也没人能够预测到它的顶部在哪。把下面的原则铭记在心吧。原则之一，绝对不要因为某只股票看起来价格太高就卖掉它。当你看着一只股票从10美元上蹿到50美元时，你也许会认为它的成交价已经高得太离谱了。但是恰恰在这个时候，我们更应当冷静地分析判断：它在拥有优秀的企业管理者和盈利状况良好的情况下，有没有什么因素可能阻止它从50美元继续上涨到150美元。很多人观察到某只股票的上涨行情已经持续了很长一段时间，便认定它的价格"看上去太高了"，于是决定卖空这只股票，结果把本金都赔了个精光。

反过来，绝对不要因为某只股票从前一个最高点大幅下跌就买进它，因为很有可能是由于某种理由才造成了这一轮的大幅下跌现象。也许在当前的形势下，该股票还是处在极端的高位——尽管相比之前的最高点来说，它的当前价位看上去似乎比较低。此时，我们应该设法忘掉它之前较高的价格区间，根据时间和价格二要素相结合的利弗莫尔公式来重新对它进行分析研究。

许多了解我交易方法的人，也许会感到诧异。当我在行情记录上看到某只股票已经进入上涨行情，我会先等到股价出现正常的向下回调现象之后，当股价再创新高时才立刻买进。我在卖空的时候，也会使用同样的方法。为什么要这么做呢？因为我正在跟随这个趋势，以便选择适当的时机入场。当采用这种交易方法时，我的行情记录便会向我发出信号，示意我入场的时候已经到了！

当股票走势出现向下回调时，我绝不买进做多，当股票走势向上反弹时，我也绝不卖出做空。

另一个原则是：如果第一笔交易已经处于亏损状态，就绝不能为了摊低亏损而继续跟进。请把这个原则深深地铭记在心。

第二章
CHAPTER 2

何时入场才是最佳时机

WHEN DOES A STOCK ACT RIGHT

利弗莫尔心得

一个人不可能在所有的投机中始终保持成功。

小规模的回调现象是非常正常的。永远不要担心这种正常的现象。相反，对于那些不正常的现象一定要保持高度警惕。

当市场发出危险信号时，我从不和它较劲。我会明智地选择离场！几天之后，如果所有的情况都表明这是虚惊一场的话，也没关系，至少我的决定没有带来大的损失，而且我总能找到机会再次入场。

绝大多数投机者即使有了对危险信号的警惕感，仍然会遇到很多麻烦。这些麻烦往往是由于他们自身内在的弱点造成的，这些弱点使得他们没有足够的勇气在应当离场时果断地平仓离场。他们总是犹豫不决，在犹豫的时候，他们眼睁睁看着持有的股票损失了很多点。

那些终日企图在市场小规模的波动中获利，甚至不愿意放过任何一次微小的赚钱机会的投机客，永远不可能在下一轮重大行情发生时占据一席之地。

每年仅有屈指可数的几次大机会，也许只有四五次，碰到这样的机会时你才能允许自己全身心投入股市。其他时间里，你应该耐心等待市场逐步形成的下一次大行情。

　　股票，其实就像人一样，有自己独特的品格和个性。有些股票个性敏感，极易波动，行情走势呈跳跃状；而有些股票则个性率直，逻辑性极强，行情走势呈直线状。当你了解并懂得尊重各种股票个性的时候，即使它们各自处于不同的条件下，你也可以预测到它们的市场行情。

　　股票市场是瞬息万变的。有时，它们显得非常呆滞迟缓，但并不会长时间处在同一个价位上不动，它们的走势总会出现轻微的上升或下降波动。当一只股票进入明确的趋势状态后，它将前后一致地沿着贯穿整个趋势过程的特定路线自动运行下去。

　　当真正的行情开始启动时，在最初几天你会观察到，随着价格的逐渐上升，会产生巨大的成交量。随后，就会出现我所说的正常回调现象。在这个股价向下回调的过程中，股票的成交量将远远小于此前上涨期的成交量。其实，这种小规模的回调现象是非常正常的。永远不要担心这种正常的现象。相反，对于那些不正常的现象一定要保持高度警惕。

一两天后，短暂的回调现象结束，上涨趋势重新开始启动，此时成交量也会随之增大。如果这轮上涨趋势已经真实启动，那么市场在短时间内就会回到那个自然且正常的回调现象发生之前的水平，而且会继续向更高的区域攀升。这轮上涨趋势在几天之内应该会一直保持着强劲的势头，其间可能会发生轻微的日内回调现象。当市场攀升至某个高点时，就又会出现另一轮正常的向下回调现象了。在这个正常回调发生时，股票的成交价应该和第一次正常回调时的价格回落在同一水平线上，任何股票只要处于明确的趋势状态时，都会遵循这样的轨迹自然地发展下去。在这轮行情的初期，前一个高点与下一个高点之间相差不大。但随着时间的推移，你将会发现，这只股票的上升空间非常大。

举例说明，假如某只股票的上涨行情在 50 美元的价位开始启动。在它第一次上涨阶段，也许将慢慢上涨至 54 美元。此后，经过一两天的正常回调过程后，股票价格也许会跌至 52.50 美元左右。三天之后，它再次进入上涨趋势。这一次，直到再次发生正常回调现象之前，它也许会涨至 59 美元或 60 美元。然而，此时它并没有马上出现回调现象，而是发生了小规模的日内回调现象，即中途可能会有轻微的下跌过程，有可能只是下跌 1个点或者 1.5 个点。但是如果发生正常回调现象，处在这样的价格水平上，这只股票很可能轻易地下跌 3 个点。当它几天后再次恢复上涨趋势时，你将发现此时的成交量已经远远少于最初的成交量。这只股票变得非常畅销，已经很难买到了。如果这只股票已经发展到这种程度，那么它下一步行情走势的发展速度将会比之前快得多。这只股票可能轻易地从上一个高点飙升至 60、68 或者 70 美元，甚至中途都不会遭遇自然回调现象。如果此时发生了自然回调现象，那么这个回调过程将会更严峻，它可能轻而易举地跌至 65 美元，不过，即便回调幅度如此之大，这也属于正常的回调现象。假如回调幅度在 5 个点左右，你也无需担惊受怕，因为过不了多久，上涨趋势又会再次启动，而且会将这只股票的成交价格推向一个全新的高位。这时，到了时间要素发挥重要作用的时刻了。

无论如何，一定要对这只股票时刻保持敏锐的感觉和高度的警惕。在获得巨额利润之后，你依然要保持耐心，但是切记不要让耐心变成束缚你对股票行情进行敏锐思考的障碍，这有可能导致你忽略市场发出的危险信号。

当这只股票又一次进入上升通道时，涨幅在一天之内就达到了大约 6~7 个点，此时这只股票处于极度活跃的状态。照这种态势发展下去，没准第二天会达到 8~10 个点 。但是，就在当天快收盘的最后一小时，突然出现了猛然的不正常下跌现象，下跌幅度达到 7~8 个点。第二天开盘时，又顺势下跌了 1 个点左右，之后，价格又开始上涨，而且当天收盘价也非常坚挺。但是，到了第三天，由于某些原因，这只股票却未能继续维持其上升趋势。

这是一个极其危险的信号，一触即发，必须高度警惕！在这只股票此前的整个市场波动过程中，发生的仅仅是一些自然而正常的回调现象。现在，却突然出现了一个不正常的大幅向下回调的现象。这里的"不正常"指的是在一天之内，股票交易价格先向上形成新的高位，随后又下跌了 6 个点，甚至更多。这的确是一个前所未见的突发现象，就股票市场本身而言，一旦发生了不正常的现象，就意味着市场在向你发出危险信号，这种危险信号是你绝对不能忽视的。

在这只股票自然上升的整个过程中，你一直耐心地持股不动。但是现在，面对这样的危险信号时，你一定要摆脱这种耐心对你思维的束缚，要以敏锐的感觉和勇敢的心态来正视和应对它，果断地平仓离场。

当然，这样的危险信号并不是每一次都准确可信，就像我前面所说的那样，没有任何准则是完全正确的。但是，如果你正视每一个这样的危险信号，站在长远的角度看，你将受益匪浅。

一位伟大的天才投机家曾经告诉我："当我看到市场向我发出危险信号时，我从不和它较劲。我会明智地选择离场！几天之后，如果所有的情况都表明这是虚惊一场的话，也没关系，至少我的决定没有带来大的损失，而且我总能找到机会再次入场。这种相对保守的做法，将为我保留下很多没必要损失的金钱，同时也为我省下很多没必要的焦虑。也许下面的例子会让人更容易理解并接受这种做法。假如我正沿着铁轨往前走，突然看到一辆特快列车以 100 公里的时速向我冲来，我不会傻傻地待在那儿，让火车从我身上开过去，而是会立刻选择离开轨道，让火车先过去。等火车过去了，只要我愿意，任何时候都可以再回到轨道上。"我始终将这番话当成一种投资智慧，并牢记在心。

对于股市中的危险信号，每一位明智的投机者都会时刻保持高度警惕。然而，让人感到奇怪的是，绝大多数投机者即使有了对危险信号的警惕感，仍然会遇到很多麻烦。这些麻烦往往是由于他们自身内在的弱点造成的，这些弱点使得他们没有足够的勇气在应当离场时果断地平仓离场。他们总是犹豫不决，在犹豫的时候，他们眼睁睁看着持有的股票损失了很多点。这时，他们会说："下一轮行情到来时，我再平仓离场。"也许，下一轮上涨行情最终还是会来，但是当它真正来临时，他们却忘了自己的初衷——上涨行情一到来，就平仓离场。因为他们又开始认为股市再次利好了。遗憾的是，这一次上涨仅仅是短暂的向上反弹，很快股市就开始真正大幅下跌了。然而，此时他们却因为自己的犹豫不决还没有抽身而出。如果他们坚持遵循自己努力探索出来的准则行事，那么这些准则就能帮助他们克服内在的犹豫不决，告诉他们应该怎么做，这不仅可以给他们挽回大量没必要损失的金钱，而且还能消除他们的焦虑。

我要再次强调一点，对于每一个普通投资者或投机者而言，人性内在的弱点就是自己最大的敌人。也许，总有人会想不明白，一只股票在经历了一轮大幅度的上涨后开始下跌，为什么就不能再次上涨呢？当然，下跌之后它也许会再从某个价格水平上开始上涨。但是，你凭什么指望它在你希望它上涨的时候，它就恰好上涨呢？还有一种更大的可能是，它不会上涨了。退一步说，即使它如愿地上涨了，优柔寡断的投机者估计也可能把握不好这个机会。

对于那些视投机为一项重要事业的同行们，我还想竭尽全力地阐明下面的原则，我总在不停地重复强调这些原则：必须彻底抛弃一切一厢情愿的想法；一个人不可能在所有的投机中始终保持成功；每年仅有屈指可数的几次大机会，也许只有四五次，碰到这样的机会时你才能允许自己全身心投入股市；其他时间里，你应该耐心等待市场逐步形成的下一次大行情。

请牢记：当你在股市中静观其变时，那些强迫自己必须每天频繁交易的投机者其实是在为你的下一次投机奠定基础，你将从他们的错误中受益匪浅。

投机是一项令人兴奋的事业。大多数投机者整天在交易大厅里东奔西走，或者接听数不清的电话，每当收盘后，他们和朋友们聊的话题始终离不开股市。他们的脑子里无时无刻不在想着报价机，或者价格数字。他们一门心思地专注于次要的上涨行情或下跌行情，反而错失了大的市场行情。当大的行情真正发生时，绝大多数投机者总是站在与市场盈利相反的方向。那些终日企图在市场小规模的波动中获利，甚至不愿意放过任何一次微小的赚钱机会的投机客，永远不可能在下一轮重大行情发生时占据一席之地。

当然，只要坚持维护股票行情记录，然后深入研究它，弄清楚股票价格波动究竟是怎样发生的，并且谨慎地综合考虑时间和价格要素，上述的弱点是可以克服的。

我在很多年前曾听说过一位著名的成功投机家的故事，他住在加利福尼亚山区，而且每天只能收到三天前的行情信息。每年他根据自己的市场仓位，通过给旧金山的经纪人打两三次电话来发出买入或卖出的股票交易指令。我的一位朋友曾经在那家交易大厅待过一段时间，对这事非常好奇，于是到处打听这位投机家。当他知道这位成功的投机家居然远离股票交易市场，也很少亲自来交易大厅，甚至只在必要时才会进行大笔交易时，他简直惊呆了。终于，他有幸结识了这位投机家，交谈时，这位朋友不禁向这位远在山区的投机家请教，他长期与股市隔绝，如何维持股票市场的行情记录。

"问得不错，"投机家说道，"我一直把投机当成我的事业。股市总是千变万化，如果我盲目地去专注每一次小波动，并使自己困于其中的话，就会一败涂地，因此我会对股市的小波动视而不见，我喜欢独自思考。你看，我会持续不断地详细纪录已经发生过的股市行情，随后，这些记录会呈现出一幅相当清晰的图像，真实地告诉我股市正在发生的变化。一轮真正的行情绝不会在它启动的那天就马上结束，而是会运行一段时间才终结。我身处远离股市的山中，这有利于我保持耐心，为这些真正的大行情留下它们所需的充足时间。我会把在报纸上看到的股票价格记入我的行情记录中，一旦某天我观察到刚刚记录下来的价格与已经明确持续了一段时间的行情发展不一致时，我会立刻做出决定，下山亲自进行交易。"

这已是多年前发生的事了。这位山里的投机家始终坚持自己独特的操作方法，在很长一段时间内从股市赚取了巨额财富。他也在一定程度上给了我激励和启发，我更加努力地分析研究，力图将时间因素和我所记录的所有数据结合起来。通过坚持不懈的努力，我学会了将我的行情记录融会贯通，在预测未来市场行情时，它们发挥了惊人的效果。

追随领涨股

FOLLOW THE LEADERS

利弗莫尔心得

切记，不要和股市讨价还价，尤其不能冒险与之对抗。

在股票市场上四处撒网、泛滥投资也是非常危险的。我所指的是，不要同时投资太多只股票，同一时间关注几只股票也许还能胜任，同一时间关注许多只股票则会使得你分身乏术、不堪重负。

当你已经明确看到某一特定股票板块的行情进入拐点时，不妨马上付诸行动。但是，绝不要因此而纵容自己以同样的方式对待其他还未出现明显拐点的股票板块，除非你已经清楚地看到了那个股票板块已经开始跟进的信号。耐心！等待最佳的时机！

一定要集中精力分析研究当天行情中表现最突出的那些股票。如果你不能从那些活跃的领涨股票上赢利，那么也就不可能在整个股票市场赚得盆满钵盈。

万变不离其宗——追随领涨股。与此同时，一定要时刻保持敏锐的感觉和灵活的思维。请始终牢记，今天的领涨股也许不再是两年后的领涨股。

　　每当投资者或投机者持续经历了一段时间的成功后，股票市场中的种种诱惑就会使他变得麻痹大意，或者野心勃勃。在这样的情况下，只有靠健全的心智和清醒的头脑才能保住自己已获得的胜利成果。但是，如果你在投机交易中能坚定不移地遵守可靠的原则，那么得而复失的悲剧就不会发生在你的身上。

　　众所周知，股市价格总是不断上下波动的，过去如此，将来也会一直如此。我一直认为，在那些股市的重大行情背后，必定存在着一股不可抗拒的力量。事实上，你也只需了解这一点就足够了。如果你对价格波动背后的一切原因都想深究，那么这种过于琐细和好奇的行为反而会弄巧成拙。你的思维可能会被这些旁枝末节的琐事遮蔽，你对股市行情的判断也会因此受到影响，这就是这种行为带给你的风险。其实，只要确定股市行情已经发生，顺着行情走势驾驭你的投机之舟，你就一定能够在险象环生的股市中稳操胜券。切记，不要和股市讨价还价，尤其不能冒险与之对抗。

此外，还需牢记一点，在股票市场上四处撒网、泛滥投资也是非常危险的。我所指的是，不要同时投资太多只股票，同一时间关注几只股票也许还能胜任，同一时间关注许多只股票则会使得你分身乏术、不堪重负。几年前，我就曾犯过这种错误，并为此付出了沉痛的代价。

我犯过的另一个错误是，我曾经因为当时某个股票板块中的某只股票已经明显掉转了它的发展方向，甚至脱离了整个股票市场的大盘趋势，便纵容自己主观臆断地推测出整个股票市场即将转入熊市或者牛市。其实，在决定买入还没有明显动静的某只股票之前，我应该更耐心地等待入场的最佳时机，即等待其他股票板块中某只股票也显示出即将结束下跌或者上涨趋势行情的信号。不出意外的话，其他股票随后也都会清楚地发出同样的信号，这些线索都是我本应耐心等待的。

但是，我并没有耐心等待，而是迫不及待地想要根据我的推测，马上在整个股市中大干一番。结果，我损失惨重。在这个过程中，急于求成的浮躁心理取代了我的常识和判断。当然，我最初进行交易的已有明显拐点信号的第一个和第二个股票板块里的股票是盈利的。但是，由于我仅仅依据一两只股票的拐点信号，就错误地判断出整个股市拐点即将到来，这使得我在其他股票并未真正进入拐点之前就已经入市，最终导致我损失了原来盈利中的很大一部分。

在 20 年代末期的大牛市中，我曾经明确看出铜业股票的上涨行情已经接近尾声。不久，汽车业的股票板块也紧跟着达到顶峰，并即将进入下跌行情。因为看到牛市行情在这两类股票板块中都已经结束，我便很快轻易地得出了一个错误的判断，认为牛市即将终结，熊市即将启动，因此可以安全地卖出任何股票。因为这次错误的判断，我亏损了一大笔金钱，对此我至今悔恨不已。

在后来的六个月里，当我在铜业股票和汽车业股票的交易中累积了巨额账面利润时，我也努力尝试在公用事业类股票上找到顶部，然而后者亏损的金钱甚至超过了前者的利润。终于，公用事业类股票和其他群体的股票都达到了顶峰，然而就在此时，安纳康达（Anaconda，铜业公司）的股票价格已经比之前的最高点下跌了 50 点，汽车类股票下跌的幅度也与之相当。

我希望上述事实能给你留下深刻印象，当你已经明确看到某一特定股票板块的行情进入拐点时，不妨马上付诸行动。但是，绝不要因此而纵容自己以同样的方式对待其他还未出现明显拐点的股票板块，除非你已经清楚地看到了那个股票板块已经开始跟进的信号。耐心！等待最佳的时机！迟早有一天，你也会在其他股票板块上看到与第一只股票板块同样的跟进信号。紧盯股票的行情变化，切记在股票市场上的投资不要太分散。

一定要集中精力分析研究当天行情中表现最突出的那些股票。如果你不能从那些活跃的领涨股票上赢利，那么也就不可能在整个股票市场赚得盆满钵盈。

正如女人的衣服、帽子、珠宝首饰的风格总是随着时间推移而不断变化一样，股票市场也是在不断变化的，过去的领涨股会跌下来，而新的领涨股会走上前，取代旧领涨股。1939 年之前的几年，主要的领涨股是铁路业股票、糖业股票和烟草业股票。后来，美国糖业和烟草业股票跌了下去，取代它的钢铁业股票成了领涨股。再往后，直到 1939 年，汽车业股票开始领先。那时，仅有四类股票在市场上处于领涨地位：钢铁、汽车、航空和邮递业股票，它们引领着当时整个股市的发展方向。随着时间的推移，新的领涨股将不断取代旧的领涨股。只要股票市场存在，这种的新旧更替的现象就永远不会消失。

力图同时追踪很多股票，这种做法绝对是非常不安全的。你将顾此失彼，混乱不堪，因此要尽可能地只分析相对少数的几个股票板块。你将发现用这种专注而集中的方式来获取市场的真实图像，比起把市场分成众多小部分来研究要容易得多。如果你能在上述四类领涨股中正确地判断出其中两只股票的走势，你就不必为其余的股票走势担忧了。总之，万变不离其宗——追随领涨股。与此同时，一定要时刻保持敏锐的感觉和灵活的思维。请始终牢记，今天的领涨股也许不再是两年后的领涨股。

现在，我一直保持着四大独立股票板块的行情记录。当然，这并不意味着我会同时在这四大股票板块中进行交易。不过，我心里会有清晰的目标，通过对不同的股票板块的行情记录，我能对整个股市有一个较为全面的真实认识，当我脑海中真正的交易目标出现时，我就能迅速而准确地抓住它。

很久以前，当我第一次对股票价格波动产生兴趣时，我就决定检验自己正确预测未来股票价格波动的能力。我把自己的模拟交易随时记录在我随身携带的一个小笔记本上，就这样，经过一段时间的反复模拟、验证之后，我终于尝试着做了第一笔实际交易。这是我毕生难忘的一笔交易。我和我的朋友每人各支付一半，出资买进了 5 股芝加哥—伯林顿—昆西铁路公司的股票（Chicago, Burlington & Quincy Railway Stock），最后我获得了 3.12 美元的利润分成。从那时起，靠着自己的努力探索，我终于成为一个真正的投机者。

就当前市场条件而言，我不认为那些习惯了大手笔交易的旧式投机者会有多大的成功几率。当我讲到旧式投机者时，我想到了旧式投机者当时所处的市场非常广阔，流动性也非常好，因此即便投机者吃进 5000 股或者 10000 股，当他进行买进、卖出交易的时候，对该股票的价格也不会产生明显的影响。

当一位投机者建仓之后，如果股票走势理想，他可以从容地增大持仓量。在过去的旧式投机市场环境下，如果股票走势证明投机者最初的判断有误，他也能轻易地平仓离场，而且无需承担严重的损失。但是如今，市场已经变得相对狭窄，如果市场走势证明他建仓时的资金站不住脚，那么当他想改变策略时，就很可能带来毁灭性的亏损。

另一方面，正如我前文所阐述的那样，现在的投机者如果有足够的耐心和判断力来等待最佳交易时机，那么最终一定能把握住更好的机会来赢得丰厚利润，因为当前市场条件已经不允许出现那么多人为操纵市场的行为了。在以前的股票市场中，由于过度频繁使用这种人为操纵行为，导致当时所有的科学计算手段都失效了。

显然，在今天的市场条件下，明智的投机者是不会允许自己还沿用多年前常用的方式来进行交易。他会集中精力研究少数的股票板块以及其中的领涨股。他还将学会先谋而后动。股票市场崭新的时代已经来临——这个时代将给明智、勤奋、能干的投资者和投机者带来更稳健的机遇。

真正到手的财富

MONEY IN THE HAND

利弗莫尔心得

面临亏损的仓位时，不能在低位再次买进以摊低平均成本。如果执意要使用这种不健全的方法，那么就一定要坚持到底。

在没有确保财务安全之前，请不要轻率地进行任何交易。任何经不起考验的投机都将导致你的金钱亏损。

一旦得到追加保证金的通知，就应该意识到你站在了市场错误的那一边。此时最正确的做法应该马上平仓，把这些资金妥善地保管起来，耐心等待新的一天、新的机会，然后明智地把它投入到其他更有吸引力、回报率更高的地方，而不应该再投放到已经亏损的交易上。

投机者需要股票交易来赢取利润，而经纪人不仅仅喜欢投机者进行交易，为了获得更多的佣金，他们甚至经常有意鼓励投机者频繁交易。不明就里的投机者还糊涂地将经纪人当成自己真正值得信任的朋友，并听从他们的意见进行频繁交易。

拿在手中的钱可以使你感受到一种对金钱的强烈占有欲，在你做出任何刚愎自用的投机决策时，这种感觉会减弱你的这种冲动。因此一定要经常看一看，感受一下你所拥有的真正的金钱，尤其是在你这次交易和下次交易的间隙之间。

无论你处理的收益盈余是巨额财富，还是微小利润，都应该记住：这些钱是你的，不是别人的。只有你谨慎守护它，它才会始终对你不离不弃。

当你处理在股市上的收益盈余时，一定要亲力亲为，不要委托别人来替你完成。

无论你处理的是数以百万的巨额财富，还是屈指可数的微小利润，都应该遵循同样的原则。记住，这些钱是你的，不是别人的。只有你谨慎守护它，它才会始终对你不离不弃。任何经不起考验的投机都将导致你的金钱亏损。

大多数投机者在股市中总是步履维艰，而且容易酿成大错，可以说他们并不是合格的投机者。我曾经郑重地警告过他们，面临亏损的仓位时，不能在低位再次买进以摊低平均成本，但是很多投机者对此却熟视无睹，仍然采取这种最常用的方法。他们在一个价位买进一只股票，假如买入价格是 50，两三天之后，如果看到可以以每股 47 的价格再次买进的话，他们马上就会迫不及待地想要摊薄成本，于是在每股 47 的价格会再买进 100 股，从而把所购股票的成本价摊低到 48.50。此时，之前在 50 买入的 100 股，已经跌到了 47，这 100 股已经有了 3 个点的亏损，投机者理应开始担心，并提高警惕，但是究竟是什么原因促使他们置亏损于不顾，而要再次买进 100 股，宁愿去承担股价可能跌到 44 的这种双重担忧呢？当股价真的跌倒 44 时，第一次买进的 100 股将会亏损 600 美元，而第二次买进的 100 股也会亏损 300 美元。

如果有人执意继续按照这种不健全的投资原则行事，那么他就应该坚持不懈地使用摊低成本这一方法，当价格跌到 44 时，再买进 200 股；跌到 41 时，再买进 400 股；跌到 38 时，再买进 800 股；跌到 35 时，再买进 1600 股；跌到 32 时，再买进 3200 股；跌到 29 时，再买进 6400 股，以此类推。然而，有多少投机者能够承受这样的压力？如果能够将这样的方法坚持到底，倒也不失为一种股市应对策略。如果坚信自己能承受这种压力，就一定要勇于执行，不抛弃也不放弃。当然，以上列举的异常行情在现实中并不经常发生。但是，恰恰正是这种异常行情会给投机者带来意想不到的灾难，所以必须始终保持高度警惕。

尽管有重复和说教之嫌，我还是强烈建议你尽量避免使用摊低成本这一方法。

长期以来，在经纪人那里，我得到的明确消息几乎只有一种，那便是追加保证金的通知。一旦得到这样的通知，就应该意识到情况的严重性，马上平仓，而不应该再追加资金了。因为该通知已经向你表明，你站在了市场错误的那一边。为什么要把资金继续投入到只赔不赚的股票上呢？此时最正确的做法应该是把这些资金妥善地保管起来，耐心等待新的一天、新的机会，然后明智地把它投入到其他更有吸引力、回报率更高的地方，而不应该再投放到已经亏损的交易上。

成功的商人宁愿选择把商品赊给各种各样的客户，也绝不会选择把所有的商品都赊给同一个客户。因为赊账的客户数量越多，还款的风险才越分散。对于股市投机者而言，资金就如同商人货架上待售的商品。正是出于同样道理，从事投机生意的人在面临每一次冒险时，也只应投入金额有限的部分资金。

所有投机者几乎都有一个通病，那就是急于求成，企图在极短的时间内赚得钵满盆盈。他们根本就没打算花费两到三年的时间来让自己持有的资本增值500%，而是妄图在两三个月之内就达到这一目标。也许，他们偶尔会取得成功。但是，如此大胆的投机者最终能保住这些意料之外的财富吗？不能！为什么？因为这些钱是仅凭一时运气得来的，并不是通过投机者自身的努力。一旦他失去这种运气，那么这些钱来得快，去得也快。这些本来就不属于他们的钱只不过在他们手中短暂地停留了一会儿而已。

投机者在短时间之内如果赚到巨额的财富，就很容易失去平衡感。他会自信心极度膨胀地说："既然我有能力在这两个月内实现资本增值500%，那么想想接下来的两个月，我会怎么样呢！毋庸置疑，我要发大财了！"

这种想要快速致富的投机者常常孤注一掷，永不知足。他们不遗余力地对股市投入所有的资金，直到某个环节突然失算，铸成大错——某个猛然的、无法预料的、毁灭性的事件发生了。最终，经纪人发出最后的追加保证金通知，由于金额太大，投机者无法缴纳，于是这个滥赌的赌徒破产了，他短暂的财富也如流星般消逝了。也许，他会乞求经纪人再宽限一点时间，或者如果不是太倒霉的话，他恰巧保留了一份应急资金，也许可以帮助他在一个一般的起点上重新开始。

通常，新开一家商店的商人不会期望第一年就从这笔投资中赢利 25% 以上。然而，对于进入投机领域的人而言，25% 的利润根本算不上什么，他们寻求的是 100% 的利润。他们对于股市回报的预期是经不起推敲的。这些投机者并没有把投机当作一项商业事业来对待，更别提用商业准则来经营投机这项事业了。

还有一点，也许值得一提。投机者每当结束一笔成功交易之后，都应取出其中一半的利润储存起来。这一点必须当成一项规则来执行。因为只有投机者结束一笔成功交易后从账户里取出的那部分钱，才是唯一真正从华尔街赚到的钱。

我回想起，有一次我去棕榈海滩度假。在从纽约出发时，我还持有很大一笔卖空头寸。在我到达棕榈海滩的几天之后，市场出现了一轮剧烈的下跌行情，那恰恰是将赢利套现的最好机会——当然，我也这么做了。

收盘后，我发给电报员一条消息，让他通知纽约办事处立刻往我的银行账户里存入一百万美元。听到这个消息，那位电报员惊讶得几乎晕过去。在发完消息之后，他问我他能否收藏那张纸条。我问他为什么。他说，他当电报员已经二十年了，这还是他发出的第一份投机者要求经纪人为自己在银行存款的电报。他还说道："在我发出的成千上万份电报中，都是经纪人向股票投机者追加保证金的通知，却从来没有人像你这么做过。我打算把这张纸条收藏起来，以后可以拿给男孩们瞧瞧。"

大多数普通投机者能在经纪人的账户上支取资金的机会非常少，通常只在两种情况下能拥有这样的机会，一种是他没有任何敞口头寸的时候，一种是他有额外资产净值的时候。当市场行情不利于他时，他不能支取资金，因为他需要这些资金充当经纪人的保证金。而当他结束一笔成功的交易之后，他也不会支取资金，因为他会满怀憧憬地对自己说："下一次我的盈利将翻一番。"

因此，绝大多数投机者都很少真正见到现金。股票账户里的这些钱对他们而言，从来不是真实的，它们既看不见也摸不着，甚至失去了钱的实际意义。多年以来，在结束一笔成功的交易之后，我都习惯性地从中提取部分现金。通常我的方法是，从每一笔交易利润中提取20万或30万美元。这绝对是一个好方法。在心理方面也有其独特的价值。你也可以把它变成你的方法试试看，把你的钱取出来，并且数一遍。我数过，当我知道自己手里拿的是真实的钞票时，我能感觉到，这些属于我的财富是真实存在的。

可以肯定的是，放在经纪人账户里的钱，或者放在银行账户里的钱，和你拿在手中的钱，尽管同样是你的财富，但给你的感觉却是完全不一样的。拿在手里的钱，你可以时常用手指去感受它们的存在，这样你就能从中感觉到某些实实在在的东西。你可以感受到一种对金钱的强烈占有感，在你做出任何刚愎自用的投机决策时，这种感觉会减弱你的这种冲动，因为刚愎自用的投机决策往往会导致你的利润受到损害。因此，一定要经常看一看，感受一下你所拥有的真正的金钱，尤其是在你这次交易和下次交易的间隙之间。

然而，大多数普通投机者在这方面总是显得不屑一顾。

当一个投机者能拥有足够好的运气将原来的资本翻一番时，他应该立即提取出所得利润的一半，并把它储存起来。很多时候，这个方法为我提供了极大的帮助。我唯一遗憾的是，在自己的投机生涯中没有始终如一地贯彻这个方法。在很大程度上，它本可以帮助我在投机事业上走得更平稳。

在华尔街以外的地方，我从来没有赚过一美元，相反，我却由于"投资"了华尔街之外的其他一些风险投资生意而亏损了数百万美元，而我亏损的这些钱都是我从华尔街的投资中挣来的。我记得曾经投资过佛罗里达地产泡沫中的地产、油井、飞机制造业、高新技术产品的营销与服务等，在这些华尔街以外的每一桩生意中我总会赔光投入的所有资本。

记得有一次，我曾经对华尔街之外的一项风险投资生意产生了强烈的热情和兴趣。于是，我竭尽全力地说服我的一位朋友，力图让他在这个生意中投入 5 万美元。他非常认真地听了我对这桩生意的介绍和想法，但是我刚一说完，他便告诉我："利弗莫尔，除了你所擅长的投机领域外，你永远不可能在任何领域的生意上取得成功。如果你需要 5 万美元拿去投机，我完全支持你。但是，请你仅用于投机，千万远离那桩生意。"

令我非常惊讶的是，第二天早上，邮差送来了那张我意料之外的支票。

这件事给我的教训就是，投机本身就是一门生意，所有的投机者都应当把它当作生意来对待，一定要尽量避开冲动、奉承或者诱惑对自己的影响。切记，很多时候经纪人会无意识地导致许多投机者的失败。对经纪人而言，赚取佣金是他们唯一的生意。如果客户不进行股票交易，他们就无法赚取佣金。投机者的交易越多，经纪人赚取的佣金也就越多。投机者需要股票交易来赢取利润，而经纪人不仅仅喜欢投机者进行交易，为了获得更多的佣金，他们甚至经常有意鼓励投机者频繁交易。不明就里的投机者还糊涂地将经纪人当成自己真正值得信任的朋友，并听从他们的意见进行频繁交易。

如果投机者足够精明的话，他应该能够知道频繁交易需要的时机和条件，一旦他懂得了这些，那么频繁交易也是可行的。

即使知道什么时候进行频繁交易比较合适，但是只要投机者养成这种频繁交易的习惯，就很少有人能够明智地及时收手，他们已经失去了成功必需的自控力和独特的平衡感。也许，他们从来不曾想过自己也有失败的一天。然而，这一天最终还是没有躲过。投机中钱来得容易，去得也容易，又一位投机者破产了。

在没有确保财务安全之前，请不要轻率地进行任何交易。

交易的关键点

THE PIVOTAL POINT

利弗莫尔心得

在股票交易中，很少有人能单纯依靠偶尔的内幕消息或他人建议获利。

及时入市是非常必要的！在整个行情的变化过程中，股价势必会不时出现不同程度的小规模回调或者反弹，而我完全不为之所动，一直坚守到最后的可靠保障正是这段前期的利润储备。

在一轮行情中，最大的市场变化一般会发生在距离整个行情结束的最后四十八小时之内，这正是你持仓坚守的最关键的时间。

一旦投机者能够确定某只股票的关键点，并善于理解如何运用关键点来进行交易，那么他从一开始就能够非常有把握地做出正确的行情判断。

如果该股票在突破关键点之后没有出现应有的趋势，那么这就是市场向你发出的一个危险信号，此时必须密切关注，提高警惕！

一定要密切观察股票突破关键点之后的行情发展情况。我发现，如果某只股票突破关键点后并没有迸发出强劲的活力的话，那么市场趋势很容易掉头，偏离原来的发展方向。

无论怎样，我都会耐心等待市场到达我所说的"关键点"后才进行交易，这种方式总能让我在交易中盈利。

为什么？

因为我所选择的交易时机恰恰是标志着行情启动的心理时机。这样，我就永远不必为亏损担心。原因很简单，那就是当我的市场判断准则发出信号时，我就果断采取行动，并依照这个信号逐步增加持仓量。这之后，我唯一需要做的就是持仓观望，任由股市行情自行发展。我深知，只需如此，市场本身就会在适当的时机发出信号，让我结束交易收获利润。无论何时，我都会勇敢而耐心地等待这样的市场信号，从不例外。同样的，市场也会因此回馈给我丰厚的利润。我的经历自始至终都在证明一个道理，那就是如果我没有及时在行情启动后不久就入市，那么根本就不可能在这轮行情中获得可观的利润。因为一旦没有及时入市，就会失去前期大量的利润储备，而在行情的后续发展到结束的整个过程中，这段前期利润储备却是维持勇气和耐心的可靠保障。由此可见，及时入市是非常必要的！在整个行情的变化过程中，股价势必会不时出现不同程度的小规模回调或者反弹，而我完全不为之所动，一直坚守到最后的可靠保障正是这段前期的利润储备。

正如市场会在合适的时机向你发出正面的入场信号一样，只要你有足够的耐心等待，市场肯定也会在适当的时机向你发出离场信号。"罗马不是一天建成的"，任何一个真正的重大股市行情都不是在一天或一周内就能一挥而就的，行情启动、发展、结束的整个过程需要经历一定的时间才能逐渐完成。在一轮行情中，最大的市场变化一般会发生在距离整个行情结束的最后四十八小时之内，这正是你持仓坚守的最关键的时间。换句话说，这段时间一定要置身场内，耐心持仓等待，这点对你来说是至关重要的。

举个例子，假设某只股票的下跌趋势已经持续了很长时间，并且达到了40的低位。随后，突然进入了一个快速的反弹期，几天之内便上涨到45。接下来的几周时间内，价格又出现了轻微的回调现象，并一直在几个点的范围内横向波动。之后，它又开始继续其上涨趋势，直至达到49.50的高位。此后的几天，市场开始变得异常沉闷。终于有一天，它突然又变得活跃起来，一开始就下跌了3到4个点，随后继续下跌，直到跌至接近关键点40的某个价位才停止。在这种情况下，就一定要特别注意观察股票的走势，因为如果股票确定要恢复先前的下跌趋势，那么它就应该在形成另一轮明显的反弹之前，首先跌至比关键点 40 低 3 点或者更多的位置。如果市场没有向下跌破 40，那么一旦市场从当前的低点开始上冲 3 个点时，就应该立刻买进。如果市场虽然向下跌破了 40，但未能达到 3 点左右的幅度，那么一旦股票上涨至 43 时，也应该马上买进。

如果上述的后两种情形中的任意一种发生了，你会发现，在大多数情况下，这都标志着一轮新趋势的开始，如果这轮新趋势被如此明确的方式证实过的话，那么它将持续上涨，一直上涨至另一个关键点 49.50 以上——或者高出这个关键点 3 点或更多。

在定义市场趋势时，我并没有使用"牛市"和"熊市"这两个词，因为我认为太多的人一旦在市场行情方面听到"牛市"或"熊市"的说法，就会立刻认为股市将在很长一段时间内按照"牛市"或"熊市"的方式运行。

实际上，像"牛市"和"熊市"这种特征显著的大趋势并不经常发生——大约每四年或者五年才有一次。在没有发生"牛市"和"熊市"这种典型趋势时，还存在很多持续时间相对较短但仍然有明显特征的趋势。因此，我倾向于使用"上涨趋势"和"下跌趋势"这两个词来表达股市行情，它们对市场在一定时间内即将发生的情形表述得更全面、更准确。不仅如此，这种表达方式还进一步意味着：如果你买进股票是因为预测到市场即将启动上涨趋势，但在几个星期之后，经过仔细研究股票的走势，你又推测出市场将转向下跌趋势的结论，这时你会发现，你很容易就能接受趋势逆转的这个事实。相反，如果你一直坚信市场处于明确的"牛市"或"熊市"，一旦股票趋势发生逆转，你会很难接受这种事实，甚至会抱着侥幸心理，认为这只是短暂的波动而已，这会在很大程度上防碍你对市场做出正确的判断。

结合时间要素来记录价格的利弗莫尔法，是我经过30多年精心研究各项准则的重大成果，这些准则为我预测即将到来的重大行情提供了基本的指导。

当我刚开始做行情记录时，发现它对自己的帮助并不大。几个星期后，我想到了新的记录方法，它激发我不断去努力尝试，结果却发现这种新的方法仅仅是在前一种记录方法上有所改进，但仍然不能给我提供一些有价值的信息。随着时间的推移，我的脑海里总是接二连三地冒出新的方法，我根据这些方法做了一系列行情记录。在做了大量工作之后，我逐渐开创了前所未有的新方法，随之而来的行情记录也逐渐有了更清晰明朗的轮廓。不过，直到我将时间要素与价格波动有效结合之后，我的记录才开始向我传递我所需要的有价值的信息。

从那以后，我都会用新的方法来记录每一笔数据，这些数据最终使我能够准确定位股票行情中的关键点。通过这些数据，我也懂得了如何运用关键点在股市中盈利。此后，我多次改进了自己的记录方法。今天，这些记录方法也能给你提供有价值的信息——只要你愿意。

一旦投机者能够确定某只股票的关键点，并善于理解如何运用关键点来进行交易，那么他从一开始就能够非常有把握地做出正确的行情判断。

多年前，我就从这种最简便的关键点交易法中开始盈利了。我经常观察到，当某只股票的成交价达到 50 美元、100 美元、200 美元甚至 300 美元时，一旦这样的点位被突破，随后几乎总会发生快速且呈直线型的行情走势。

在操作安纳康达（Anaconda）股票的过程中，我第一次试图借助股票关键点交易法来盈利。在其成交价达到 100 美元的瞬间，我立刻下达买进 4000 股的交易指令。几分钟后，该股票价格已经突破 105 美元，此时我的交易指令才完成。当天，它的成交价又上涨了 10 个点，第二天，仍然维持着显著的上涨趋势。这轮上涨行情在短时间之内持续上升至高于 150 美元的成交价，其间仅有几次幅度为 7~8 个点的正常向下回调现象，而且没有任何一次威胁到 100 美元这个关键点。

从那以后，我就很少错过有关键点可以参照的这种大手笔交易。当安纳康达（Anaconda）股票的成交价突破 200 美元时，我再一次成功地运用了这种操作方法；当它突破 300 美元时，我又如法炮制。但是这一次，它的上涨幅度没有达到适当的程度，它的成交价仅为 302.75 美元。显而易见，此时市场正在发出危险信号。于是，我抛售了 8000 股，幸运的是，其中 5000 股的成交价为 300 美元，1500 股的成交价为 299.75 美元。这 6500 股在不到 2 分钟的时间内就抛出了。然而剩余的 1500 股我却花了 25 分钟才抛出去，而且都是 100 股一笔或 200 股一笔来进行交易的，成交价跌至当天该股票的收盘价 298.75 美元。我坚信如果该股票跌至 300 美元以下，就将进入快速下跌趋势。第二天开盘时，市场上引起了一阵轰动。安纳康达（Anaconda）股票在伦敦市场持续下跌，纽约市场一开盘也出现大幅下跌，几天之后，它的成交价就跌至 225 美元。

在运用股票的关键点来预测市场行情时，必须始终牢记一点，如果该股票在突破关键点之后没有出现应有的趋势，那么这就是市场向你发出的一个危险信号，此时必须密切关注，提高警惕！

上述安纳康达的例子就有效证明了这一点，安纳康达在突破 300 美元之后的表现与突破 100 美元、200 美元之后的表现截然不同。当市场向上突破 100 美元和 200 美元的关键点之后，都曾经出现了非常快速的上涨趋势，且日涨幅达 10~15 个点。但当突破 300 美元之后，该股票没有像前两次那样出现紧俏难买的现象，反而向市场释放了大量股票——数量之大导致该股票无法继续维持其上涨趋势。因此，该股票在突破 300 美元后的表现清楚地表明，继续持有这只股票是非常危险的行为。这一异常的现象也明确预示了：当股票突破 300 美元的关键点后，将不会再遵循原有的趋势来运行。

再举个例子，记得当时我买进贝思彻姆（Bethlehem）钢铁股票时，足足等了三个星期才出手。1915 年 4 月 7 日，该股票达到了历史最高位 87.75 美元。通过耐心而仔细的观察后，我明确判断出：当这只股票向上涨破关键点后，便将进入快速上涨趋势，而且我坚信贝思彻姆钢铁股票将突破 100 美元。4 月 8 日，我下达了第一份买入指令，准备在成交价位于 99 至 99.75 美元之间时买进。当天，该股票成交价达到 117 美元的高位。此后，它马不停蹄地一路飙升，中途仅仅经历了小幅向下回调现象，在突破关键点的 5 天之后，也就是 4 月 13 日，这轮惊人的涨势一直达到 155 美元才停止。这再次证明：如果投机者能耐心等待时机并擅长利用关键点进行交易，那么回馈他的一定是丰厚的利润。

至此，我在贝思彻姆股票上的交易尚未结束。在其位于 200 美元、300 美元时，我进行了同样的操作，甚至到了眩目惊心的 400 美元时，我仍然使用这一方法。补充一点，在熊市的情况下，当某只股票向下突破关键点之后，我们同样可以预测到即将发生的情况。我认为最重要的是，一定要密切观察股票突破关键点之后的行情发展情况。我发现，如果某只股票突破关键点后并没有迸发出强劲的活力的话，那么市场趋势很容易掉头，偏离原来的发展方向。

顺便提一下，每当我失去耐心，没有等待关键点到来的最佳时机就迫不及待地入市，并企图迅速获利的时候，我总会赔钱。

此后，股市开始风靡高价股票拆细这种新形式。于是，我刚才例举的那些机会在这样的市场环境下也就不会轻易出现了。尽管如此，我们还是可以利用其他方法来确定股票的关键点。举个例子，假如一只在最近两到三年里新挂牌上市的股票，其最高价为 20 美元，这个最高价也可以是其他的某个数字，而且这个价格是两到三年前形成的。如果发行该股票的公司发生了利好的事件，而且该股票也如预期一样开始上涨，那么在其涨至新高位的一分钟内迅速买进该股票，通常是一个非常安全的操作策略。

一只股票上市时可能会以每股 50 美元、60 美元或 70 美元的价格进行交易，随后可能会因为有人不断抛售套现而下跌 20 个点左右。此后，该股票可能在最高点和最低点之间徘徊一年或两年。如果突然有一天该股票的成交价向下跌破以往的历史低点，那么很可能会出现一轮巨幅下跌行情。为什么会这样呢？因为这一现象意味着该公司内部肯定出了问题。

通过维持股票的行情记录，并将时间要素考虑进来，你就会发现许多可以获利的关键点，这些关键点将帮助你在变化莫测的市场行情中做出正确的判断。但是，一定要充分意识到，使用关键点交易法是需要付出极大耐心的。你必须投入足够多的时间来研究那些行情记录，并且亲自记录数据，亲自标记出哪些价位才是真正的关键点。

关键点的研究是如此令人着迷，简直令人难以置信。置身其中，你就会发现自己就像找到了个人研究的金矿。在经过独立判断而获得的成功交易中，你将享受到一种独特的快感和满足。也许内幕消息或者其他的指导同样也能使你获利，但你终究会发现，相比其他的任何方式，自己独立赢得的利润更能给你带来巨大的成就感。如果你坚持独自发掘机会，独自交易，耐心等待，密切留意危险信号，那么你会逐渐培养出一种适合自己的正确思维方式。

在本书的最后一章，我会详细讲解一些独特的方法，即如何结合利弗莫尔准则来确定更复杂的关键点。

在股票交易中，很少有人能单纯依靠偶尔的内幕消息或他人建议获利，尽管很多人想方设法得到了很多这样的信息。然而，不幸的是，他们根本不知道如何运用这些信息。

记得在一次晚宴上，一位女士缠着我，希望我能给她一点股票交易的建议。我一时心软，禁不住告诉她入手一些 Cerro de Pasco 股票，这只股票在当天就涨破了一个关键点。从第二天清早开盘起的一个星期内，这只股票一共上涨了 15 个点，中途仅遭遇了一些轻微的向下回调现象。不久，该股票出现了一个危险信号，我突然想起晚宴上询问建议的那位女士，赶紧让夫人打电话叫她马上卖掉。直到这时我才知道，原来她根本没有买进那只股票，她当时只是想看看我的消息是否准确。这简直太令我吃惊了。可想而知，内幕消息是多么让人摇摆不定。

商品交易市场往往会产生让人怦然心动的关键点。可可豆是在纽约可可交易所（New York Cocoa Exchange）交易的商品，在大多数时间里，这种商品的投机诱惑力极低。但是，如果你将投机当成一门严肃的生意，你必然会密切关注所有的市场，以便寻求更大的获利机会。

举个例子，1934 年 2 月，可可豆期权价格达到当年至高点6.23 美元，同年 10 月达到当年最低点 4.28 美元。1935 年 2 月，达到当年至高点 5.74 美元，同年 6 月，达到当年最低点 4.54 美元。1936 年 3 月，达到了 5.13 美元的低点。而到了当年 8 月，可可豆市场由于某种原因突然改变了以往的趋势，完全变成了与之前截然不同的趋势。此时，猛烈的上涨行情已经开始启动。当月可可豆的成交价高达 6.88 美元，远远超过前两年的最高点，这意味着它已经突破了最近的两个关键点。

到 1936 年 9 月，可可豆成交价已经高达 7.51 美元；10 月，最高价达到 8.70 美元；11 月，最高价为 10.80 美元；12 月，上涨至 11.40 美元。1937 年 1 月，达到了历史新高 12.86 美元。至此，可可豆的期权行情也创造了短短 5 个月内竟然上涨了 600 点的历史纪录，其间仅仅出现几次微乎其微的正常回调现象。

显然，在这次急速上涨行情的背后一定有极其充分的理由，因为多年来可可豆市场一直只是维持着一般规模的波动，期权行情也较为稳定。此次急速上涨行情发生的根本原因是可可豆的供给出现了严重短缺。在可可豆的市场行情中，只要密切关注价格波动的关键点，就一定能发现最佳的交易机会。

其实，在你亲自记录行情价格并认真观察这些价格所呈现的形态时，价格记录就已经开始向你传递有价值的信息。在这些信息潜移默化的影响下，也许某天，你突然就会领悟到你所收集的那些行情数据正在形成某种特定的形态，它正力图清晰地展现市场正在运行的真实状况。它提示你回顾行情记录，看看在过去一系列类似的条件下，市场最终出现过什么样的重大行情。它也正向你证明，凭着周密的分析和极佳的判断，你就能形成自己的观点和看法。这些价格形态将提醒你，每一轮市场的重大行情都仅仅是相似价格波动的重演。因此，一旦你对过去的价格波动了如指掌，就可以正确地预测并从容应对即将到来的市场行情，并从中盈利。

在此，我要强调一下，我并不认为这些行情记录非常完美，但是它们对我的帮助却不容忽视。我十分清楚，这些记录是我预测股市行情的根基。其实，只要愿意潜心研究并亲自维护这些记录，那么任何人都将在自己的操作过程中获利。

将来，如果有人使用我的记录方法在市场上赚到比我更多的利润，我也不会惊讶。当然，这句话建立在以下的前提上：尽管我一直坚持对自己所做的行情记录进行仔细研究和分析之后，才得出自己的结论，但是使用这一方法的同行仍然可能轻易从中发现被我忽视的新价值点。澄清一下，我之所以没有继续探寻新的价值点，是因为从我过去很长时间的操作经验来看，现有的这些方法已经完全能满足我的个人需求了。不管怎样，其他人也许可以从中发现新的思路，这将提升这些方法本身的价值，也能为他们的股票操作提供有效的帮助。

请相信，如果他们能够成功做到这一点，我绝不会嫉妒他们！

百万的亏损

THE MILLION DOLLAR BLUNDER

利弗莫尔心得

谨防一切内幕消息。

慎重选择交易时机是绝对必要的，急于求成则必将付出惨重代价。

太多的投机者总是任凭一时冲动买进或卖出股票，这导致他们几乎会在同一个价位上满仓买入。这种方式是极其错误而且危险的。

建仓后，你要有一个明确的心理预期，即在万一决策失误的情况下，愿意承担多大的亏损风险。根据这个理论，你也许会产生一两次的决策失误，并造成一些亏损。但是，只要在市场到达你认定的关键点时，始终坚持再次入市，那么一旦真正的市场行情开始启动，你就已经置身场内，胜券在握了。

市场会简单明了地告诉我们什么时候在犯错误，因为犯错误时我们一定在赔钱。当我们第一次认识到自己正在犯错误时，就是当机立断清仓离场之时，我们应该勇于接受亏损的事实，努力保持微笑，并仔细研究行情记录，尽量找出导致错误的原因，然后耐心静候下一次大机会。

我深信，许多操作者都曾有过类似的经历，从外在来看，市场本身表现得井然有序、朝气蓬勃，然而就在这种看似风平浪静之下，精细的内心此时此刻已经强烈地感知到了这种危险信号。这是一种只有建立在对市场进行长期研究和在市场上经过长期历练的基础上才能逐渐发展起来的独特感知力。

接下来这几章的目的是要阐述一些常规的交易准则，还会详细分析将时间要素和价格结合起来的具体准则。

常常考虑一些常规的交易准则，我们就会明白：太多的投机者总是任凭一时冲动买进或卖出股票，这导致他们几乎会在同一个价位上满仓买入。这种方式是极其错误而且危险的。

假如你想买进某只股票 500 股。第一笔应该先买进 100 股，然后，如果价格上涨，则第二笔再买进 100 股，依此类推，后一笔买进的价位必须高于前一笔。

这一准则同样也适用于卖空市场。除非是以相对前一笔更低的价位卖出，否则绝不要再卖出下一笔。据我所知，一旦恪守这个准则，你将比采用其他任何方法都更能接近市场正确的一边。原因很简单，按照这样的方法，你所有的交易从头到尾都是盈利的。你在交易中获得的丰厚利润有力地证明你的操作是正确的。

根据我的经验，成功的交易有两个必经的步骤。第一步，你需要推测某只股票未来行情的发展方向。第二步，你需要确定入市的价位，这是非常重要的一步。研究你所做的价格记录，仔细分析过去几个星期的价格波动。如果当你选择的股票达到了预期的价位，并且市场明确显示了这轮行情已经开始启动，那么这个时间就是你入市的绝佳时机。

建仓后，你要有一个明确的心理预期，即在万一决策失误的情况下，愿意承担多大的亏损风险。根据这个理论，你也许会产生一两次的决策失误，并造成一些亏损。但是，只要在市场到达你认定的关键点时，始终坚持再次入市，那么一旦真正的市场行情开始启动，你就已经置身场内，胜券在握了，这意味着你已经不会再丧失盈利的机会。

慎重选择交易时机是绝对必要的，急于求成则必将付出惨重代价。

有一次，我因一时冲动没有谨慎选好交易时机，结果眼睁睁看着稳赚一百万美元的大好机会与我失之交臂。说到这里，我倍感窘困，如果此时有个地缝的话，我会马上钻进去。

多年前，我曾经对棉花行情一度看好。我做出了明确的预测，认为棉花市场即将迎来一轮很大的涨势。正如常常发生的那样，此时市场本身尚未完全做好准备，于是市场并没有像我预测的那样展现出蓬勃生机。但是，我一得出这样的结论，就对市场发出的危险信号视而不见，当即义无反顾地扑向棉花市场。

我一开始便以市价买进了 20000 包。这笔大额的交易指令一下子让原本沉闷的市场飙升了 15 个点。后来，当我这笔指令中的最后 100 包成交后，市场便出现急速下滑，在短短 24 小时之内就回到了开始买进时的价位。随后，市场在这个价位上沉睡了很长时间。最后，漫长的等待让我厌烦透顶，于是我将手中的棉花全部抛出，这次交易包括佣金在内损失了大约 30000 美元。自然而然，我所抛出的最后 100 包是在向下回调行情中的最低价成交的。

几天后，棉花市场再度吸引了我。我至始至终无法忘却该市场即将形成大行情的念头，它在我脑子里挥之不去，魂牵梦萦。于是，我再次买进了 20000 包。历史可怕地再次重演。由于我的买进指令，市场向上跳起来，指令结束后，又"砰"的一声跌回到原点。对死气沉沉的市场的等待，令我厌倦不已。于是我又一次平仓而出，可想而知，最后一笔交易再次在最低价成交。

六周之内，我竟然重复了五次如此代价高昂的操作行为，每次的损失都在 25000 美元至 30000 美元之间。天哪，我虚掷了接近 200000 美元，却未从得到一丁点的满意感，我不由得厌恶起自己来。于是，一气之下，我向我的经理人宣布，撤掉棉花行情收报机，我不想第二天走进办公室看到它时又禁不住诱惑，再对棉花市场多看一眼。这件事着实令人沮丧，这种抓狂的情绪显然于事无补。在投机领域，必须时刻保持清醒的头脑。

后来又发生了什么事呢？就在我撤掉棉花行情报价机，并对棉花市场完全失去兴趣的两天后，棉花市场突然一路疯涨，涨幅达到 500 点。在这轮不可思议的上涨行情中，仅仅出现过一次向下回调现象，降幅仅为 40 点。

我预测到的有史以来最具吸引力、最合理可靠的一次交易机会就这样与我失之交臂了。仔细总结之后发现有两方面的基本原因。第一，我没有足够的耐心等待价格行情的心理时刻的到来，自然也没能等到时机成熟后再入市操作。其实我早知道，只有棉花的成交价上升到每磅 $12\frac{1}{2}$ 美分时，才表明它真正进入大幅上涨行情。然而，我却缺乏自制力去耐心等待。我只想着一定要快速地在棉花市场到达买入点之前再额外多挣一点，因此在市场时机成熟之前我就迫不及待地入市了。结果可想而知，我不仅损失了大约 200000 美元的账面资本，还丧失了曾经近在咫尺的 1000000 美元的盈利机会。我本来预计在市场突破关键点之后逐渐积累 100000 包的头寸，这个计划早就烂熟于心了。如果我能耐心等待关键点的到来，并依计而行的话，就不会错失这次盈利 200 点左右的大好机会。

第二个原因是，仅仅因为自己判断和决策失误，就纵容自己肆意动怒，甚至对棉花市场痛心疾首，这种狂躁的情绪严重违背了稳健的投机规则。我在这次投机交易中的亏损完全是由于缺乏耐心导致的，我没有足够的耐心去等待恰当时机，无形之中，我就失去了按照自己事先的预测和计划行事的机会。

众所皆知，不要为错误寻找借口。很久以前，我就明白了这一点。勇敢地承认错误，并尽可能从中汲取教训。其实，作为投机者，我们很容易就能明白什么时候自己犯了错误。市场会简单明了地告诉我们什么时候在犯错误，因为犯错误时我们一定在赔钱。当我们第一次认识到自己正在犯错误时，就是当机立断清仓离场之时，我们应该勇于接受亏损的事实，努力保持微笑，并仔细研究行情记录，尽量找出导致错误的原因，然后耐心静候下一次大机会。我们最应该关心的，是在这些过程中所获得的经验教训。

如果能在市场告诉你之前，就及时感觉到自己的错误，那么这是一种高层次的感知力。这种感知力是来自潜意识的一种警告。同时，也是一种来自投机者内心，并建立在对市场历史演变了然于心的基础之上的一种信号。有时候，它是交易准则的先行者。下面我将对这一现象进行详细的阐述。

在20年代后期的大牛市期间，我常常同时持有大量不同的股票，并且总是持有很长时间。在这期间，尽管自然向下回调现象时有发生，但是我从来没有对自己的仓位感到焦虑不安。

但是偶尔有那么一天，当股市收盘后我会突然变得心神不定。那天夜里，我也会辗转难眠，仿佛总有什么东西在轻轻碰触我的意识，于是我会醒来，开始思考市场行情。第二天早晨看报时，我甚至会感到害怕，我似乎能感受到一种说不清道不明的不祥之感。也就在这时，几乎所有的事情在我看来都处于良好的状态，并且井然有序地运行着，这些看不出一丁点破绽的正常而平静的局面，使得我那种莫名其妙的感觉显得根本经不起任何推敲。此时，也许市场正在向更好的方向发展，它表现得近乎完美；也许市场已经处于本轮行情以来的顶峰状态。看到身边所有的一切都在正常而有序的运转，再想想自己一夜的焦躁不安，你也许会情不自禁地笑出声来。但是，我已经全然明白这一点都不好笑。

因为第二天，这种平静的井然有序的局面就会变得面目全非。虽然可能没有灾难性的坏消息，但是仅仅因为市场在经历了某个方向超长时间的运动后突如其来的转向，就会带来股市的风起云涌。这一天，我不得不手忙脚乱地快速抛售股票。让人倍感遗憾的是，仅仅在一天之前，我还可以在离至高位2个点之内轻松抛出所有股票。然而，一天之后，情况就大相径庭了。

我深信，许多操作者都曾有过类似的经历，从外在来看，市场本身表现得井然有序、朝气蓬勃，然而就在这种看似风平浪静之下，精细的内心此时此刻已经强烈地感知到了这种危险信号。这是一种只有建立在对市场进行长期研究和在市场上经过长期历练的基础上才能逐渐发展起来的独特感知力。

坦率地说，对于来自内心的莫名奇妙的不安和警告，我总是秉持怀疑态度，通常我更青睐于采用客观的科学准则。但是，实际情况却总是倾向于我突然萌发的感知力，而不是科学准则。有时，当所有事情似乎都一帆风顺时，内心却会突然涌起一种忐忑不安的感觉。恰恰是通过密切关注这种感觉，我才能在很多场合获益颇丰。

这种在股票交易中产生的莫名奇妙的感觉深究起来确实很有意思，因为似乎只有那些对市场波动敏感的人和始终坚持以科学的市场形态来判断价格波动的人才能明显产生这种前方危险的感觉。对普通投机者来说，那种萌生的看涨或看跌的感觉只不过是来自于无意中得来的小道消息，或者某个公开发表的言论。

还有一点需铭记在心，数以百万计的人参与各种投机，却只有寥寥可数的极少数人把所有的时间和精力都投入到投机事业上。对于绝大多数人来说，投机只不过是一件碰运气的事情，而且很有可能付出惨重代价。在那些明智的生意人、专业人员和退休人员看来，这只不过是一份副业，因此无须多费心思。如果经纪人或者客户没有给他们提供一些诱人的内幕消息的话，他们中绝大多数人都不会轻易进行股票交易。

偶尔，也有人会进行交易，因为他从在某家大公司内部理事会任职的朋友那里获得了一条炙手可热的内幕消息。下面我来讲述一个假设的例子吧。

假设在某个午宴或者晚宴上，你碰到了在某公司任职的朋友。你们闲聊了一些商业话题后，你向他打听有关他们公司的情况。生意很好，它刚从低谷走出来，未来的前景非常辉煌。对呀，它的股票在这个时候刚好非常有吸引力。

"的确，现在是买进的好时机。"他说道，或许满怀真诚，"我们的业绩前所未有的好。吉姆，你肯定还记得，上一次我们公司繁荣发展时的股票价格是多少吧。"

他这么一说，你终于心动了，迫不及待地买进这只股票。

此后，每次公司公布季报时，显示的业绩都好于前一季，额外的红利也不断派发，股票价格持续上涨，于是你飘飘然地一头坠入了赚钱的美梦中。然而，随着时间的推移，该公司业绩开始急速下滑。事先没有任何人通知你，你只知道股票价格在急剧下跌。于是，你慌忙打电话给你的那位朋友。

"是的，"他答道，"股票已经在大幅下跌，但看上去这只是暂时现象。公司业绩稍有下滑，看空的人便急于抛售股票，因此这次暂时的下跌现象主要是卖空造成的。"

也许他还会说一大堆稳住你的陈词滥调，却藏起了股价下跌的真正原因。因为他和他的同伙无疑持有更多的股票，自从出现业绩即将严重滑坡的第一个确切征兆之时起，在市场还能承受的情况下，他们就必须尽多、尽快地出货，以保全自己的利益。如果把真相告诉你，就会直接导致你和他们竞相抛售股票，也许你还会顺带告诉你的朋友也加入这场激烈的竞争，这必然损害到他们的利益。于是，是否告诉你股份下跌的真正原因几乎变成了如何保护自己利益的问题。

因此，你这位来自公司内部的企业家朋友的行为非常容易理解。他为什么会轻易告诉你何时买进，但却不可能也不愿意告诉你何时卖出，因为那样做几乎相当于背叛他的同伙。

　　我强烈建议你随身携带一个小笔记本，这样的话就可以随时记录一些有趣的市场信息，也许对将来有用的想法，可以时不时重温的好点子，对价格波动的观察以及因此获得的灵感和心得。在这个笔记本的第一页，我建议你写上：

　　"谨防内幕消息……

　　一切内幕消息。"

　　"在投机和投资事业里，成功只属于那些为之竭心尽力的人。"这是一句亘古不变的箴言。的确，天下没有免费的午餐。这说起来就像一个身无分文的流浪汉的故事，饥肠辘辘的他壮着胆子走进一家餐馆，点了一份"大份的、鲜嫩的、肥厚的、多汁的牛排"，最后还对侍者加上一句，"叫你们老板快点。"过了一会儿，那位侍者慢悠悠地走过来，嘀咕道："我们老板说，如果有这样的牛排，他早就自己吃了。"

　　即使钱就放在你眼前，也不会有人硬把它塞进你的口袋。

第七章
CHAPTER 7

三百万的盈利

THE THREE MILLION DOLLAR PROFIT

利弗莫尔心得

　　投机性市场允许卖空有很大的价值，因为持有卖空头寸的人会变成主动购买者，一旦市场出现恐慌，主动买入者的购买行为就会对市场起到至关重要的稳定作用。

　　为什么要害怕失去那些从来没有真正拥有过的东西呢？这种害怕失去的焦虑导致投机者太急于将账面利润套现。其实，那时应该更耐心一点，鼓起勇气持仓到底。

　　我坚信，未来成功的半投资者将一定会有更大的耐心，他们只有在市场的心理时刻真正到来时才会入市操作。最终，也只有他们能够从每一轮大小规模的市场行情中获得比纯粹的投机者更大的利润。

上一章，我讲述了由于自己缺乏耐心而错失了一次赚取丰厚利润的重大机会。现在，我也应该再讲述一个成功的例子，这一次由于我耐心等待关键的心理时刻到来，终于赢得了最终的胜利。

1924 年夏天，小麦的价格已经到达我所认定的关键点，于是我入市买进第一笔 500 万蒲式耳。当时小麦市场非常庞大，因此在执行这种规模的交易指令时，小麦价格并没有受到明显的影响。补充一下，这种规模的交易如果放到股市就相当于在某只股票上买进 5 万股。

我的第一笔交易刚完成，市场立刻变得沉闷，并持续了好几天，但在这期间并没有跌破关键点。后来，市场再度开始上升，并且达到了高出前一高点几美分的价位。从这个高点开始，又出现了一次自然回调现象，其间有几天市场再度变得沉闷。之后，又恢复了上涨趋势。

当市场在上涨趋势中突破下一个关键点，我再次发出买进 500 万蒲式耳的第二个指令，此次的平均成交价比关键点高出 $1\frac{1}{2}$ 美分。在我看来，这一切已经清楚地表明，市场正在蓄势待发。为什么这么认为呢？因为买入第二笔 500 万蒲式耳的过程比第一笔艰难得多。

第二天，市场没有发生像第一次买入后那种向下回调的现象，而是上涨了 3 美分，如果我对市场的分析正确的话，这正是市场本该有的表现。从那以后，小麦市场进入了一轮名副其实的上涨行情。我所说的"名副其实"指的是小麦市场已经开始了长期的上涨趋势，我预计它可能会持续好几个月的时间。然而我并没有充分意识到当前行情的全部潜力，这导致我后来的盈利大打折扣。由于对当前行情潜力的认识并不全面，我在每蒲式耳有了 25 美分的利润之后，便卖出套现了。然后，只能坐在一旁眼睁睁看着市场在几天之内又上涨了 20 多美分。

也就在那时，我认识到自己已经犯了很大的错误。为什么我要害怕失去那些从来没有真正拥有过的东西呢？这种害怕失去的焦虑导致我太急于将账面利润套现。其实，那时我应该更耐心一点，鼓起勇气持仓到底。我知道，当小麦的上涨趋势到达某个关键点时，一旦时机成熟，市场一定还会向我发出危险信号，并给我留下充裕的时间来兑现利润。

于是，我决定再次入市。这次我重新买进的平均价位大概比第一次卖出的价位高出 25 美分，但是为了保存我的资金实力，我只有勇气买入相当于我第一次卖出数量的一半。幸运的是，从那以后，我一直到市场发出危险信号才卖出。

1925 年 1 月 28 日，五月小麦（May wheat）的交易价达到了每蒲式耳 $2.05\frac{7}{8}$ 美元的高位。2 月 11 日，又回落到 $1.77\frac{1}{2}$ 美元。

就在小麦行情显著上涨的同时，另一种商品黑麦的上涨行情甚至比小麦行情更引人注目。但是，相对庞大的小麦市场而言，黑麦市场小得多。因此，一笔相对较小的买入指令就会导致黑麦价格快速上涨。

在上述的交易操作过程中，我在市场上经常进行大额投入。同样，其他人也会进行这种大额投入。据悉，一位投机者曾经累积了数百万蒲式耳小麦期货合约，还囤积了不计其数的现货小麦，不仅如此，为了支撑他在小麦市场的影响，他还囤积了大量的现货黑麦。据传，他有时还利用黑麦市场来支撑小麦市场。当小麦市场开始波动时，他就在黑麦市场下达买进指令，以此拉动小麦行情。

如上所述，黑麦市场相对来说很小，也很狭窄。因此，只需执行一笔大额买进指令，立即就能带动一轮快速上涨行情，而黑麦的快速上涨必将拉动小麦行情。这种做法成效显著。无论何时，只要有人采取这种方法，大众就会跟风买进小麦。结果可想而知，小麦的交易价格也会被成功拉升到新的高位。

这个过程一直顺利地持续到主要的市场行情结束。当小麦市场发生向下回调现象时，相应地，黑麦市场也开始进入下跌通道，黑麦的成交价从 1925 年 1 月 28 日的最高位 $1.82\frac{1}{4}$ 美元，下跌到 1.54 美元，跌幅达到 $28\frac{1}{4}$ 美分。此时，小麦的回落幅度为 $28\frac{3}{8}$ 美分。3 月 2 日，五月小麦再度回升到 2.02 美元，距离前次最高点只有 $3\frac{7}{8}$ 美分的位置。但是，黑麦并没能像小麦那样收复失地，而只能勉强回升至 $1.70\frac{1}{8}$ 美元，比前期最高点低了 $12\frac{1}{8}$ 美分。

那段时间我一直密切关注这两个市场，两个市场在上涨过程中截然不同的表现令我吃惊，我强烈地感觉到什么地方出了问题，因为在整个大牛市期间，黑麦行情总是领先小麦。现在，它不但没能坚守住谷物交易上涨行情中的领导地位，反倒滞后于小麦的上涨步伐。小麦的这轮上涨行情已经收复了在此前不正常回调过程中的绝大部分跌幅，而黑麦却未能达到如此强劲的涨幅，大约比前一高点下降了每蒲式耳 12 美分。这个现象完全脱离了正常的轨道，呈现出一种全新的状态。

于是我立即对这一现象进行分析研究，目的在于查明黑麦和小麦没有同比例复苏的真正原因。很快，原因就浮出水面了。大众对小麦市场有着浓厚的兴趣，但是对黑麦市场却并不感兴趣。如果黑麦市场行情完全是个人在操纵的话，那么为什么突然之间就不继续跟进了呢？难道是他忽视了？我认为只有两种原因，要么他对黑麦市场不再有任何兴趣，已经清仓离场，要么他在两个市场同时卷入太深，已经没有余力再增加筹码了。

因此，我推断不管他是否还留在黑麦场内，其实都没什么区别，就市场本身而言，这两种情况最终导致的结果都一样。于是，我决定马上着手检验自己的推论。

黑麦当时的最新报价为 $1.69\frac{3}{4}$ 美元，我决定查明黑麦市场的真实状况，于是我向黑麦市场下达了卖出 200000 蒲式耳的"市价指令"。当我发出这一指令时，小麦的报价为 2.02 美元。指令完成时，黑麦价格跌了 3 美分，在指令完成后的 2 分钟之内，黑麦的成交价又回到 $1.68\frac{3}{4}$ 美元。

通过这次黑麦市场交易指令的执行情况，我发现黑麦市场没有多大的交易量。尽管这样，我还是不确定黑麦市场接下来到底会如何发展，因此我再次下达了卖出 200000 蒲式耳的第二笔交易指令，结果还是差不多——指令完成时，价格跌了 3 美分，当指令完成后，价格却仅仅回升了 1 美分，并没有达到第一次 2 美分的回升幅度。

直到此时，我对自己的市场分析还不是很确定，于是又发出卖出 200000 蒲式耳的第三笔指令。市场的表现依然如此——指令完成时，市场再次下跌，但是指令完成后，市场这次却没有回升。此时，市场完全进入下跌通道，并将持续下降。

终于，我苦苦观察和等待的秘密警告信号出现了。于是，我信心十足地判断，如果某人在小麦市场上拥有巨额的持仓量，却由于某些原因没有保护好黑麦市场行情的话（我并不关心他的具体原因），那么我确定他同样不会或者不能支撑小麦市场。于是，我立刻发出"市价指令"，卖出 500 万蒲式耳五月小麦。

这笔交易完成时，小麦的成交价从 2.01 美元降到了 1.99 美元。那天晚上收市的时候，小麦价格位于 1.97 美元附近，黑麦位于 1.65 美元。我非常高兴，因为在卖出小麦这笔交易中最后成交价已经低于 2.00 美元，而 2.00 美元是这轮行情的关键点，市场已经跌破了这个关键点，强劲的下跌趋势已经形成，我对自己置身场内的处境胜券在握。自然地，我对这笔交易不会感到任何忧虑。

几天后，我买入黑麦。当初卖出仅仅是试探性的动作，最终目的是确定小麦市场的真正行情，结果这次交易为我带来了 250000 美元的利润。

在此期间，我继续卖出小麦，直到累计卖空数量达到了 1 千 500 万蒲式耳。3 月 16 日收市时，五月小麦成交价为 $1.64\frac{1}{2}$ 美元。第二天清早，利物浦市场小麦的成交价如果折合成相应的美元价格，则比美国的小麦成交价低了 3 美分，这导致了美国市场开市价在 1.61 美元附近。

于是，我在开盘之前发出了指定价格的交易指令，按照以往的经验，这是一件非常不该做的事。但是最终市场对我的诱惑战胜了理智的判断，我下达指令，指定在 1.61 美元买入 500 万蒲式耳，这个价格比前一天的收市价低 3.5 美分。开市后，小麦成交价的波动范围在 1.61 美元到 1.54 美元之间。我对自己说："明知故犯，真是活该！"但这只是另一次人性本能压倒直觉判断的情况罢了。我绝对敢说，指令一定会在约定的 1.61 美元的价位上成交，即当天开市后价位范围的高点，尽管在当天的高点买进，但我依然赢得不少利润。

由此类推，当我看到价格跌到 1.54 美元时，又下达了一份买进 500 万蒲式耳指令。当即，我就接到一份成交报告："买进500 万蒲式耳五月小麦，成交价 1.53 美元。"

我再次输入买进 500 万蒲式耳的指令。不到一分钟，就接到成交报告了。"买进 500 万蒲式耳，成交价 1.53 美元。"我自以为我的第三笔买进指令的成交价是 1.53 美元。随后，我要到了交易指令的成交报告。下面是经纪人交给我的成交报告的内容：

"买进第一笔 500 万蒲式耳，完成第一份指令。"

"买进第二笔 500 万蒲式耳，完成第二份指令。"

以下是第三份指令的成交报告：

"350 万蒲式耳，成交价为 153 美分。"

"100 万蒲式耳，成交价为 153.125 美分。"

"50 万蒲式耳，成交价为 153.25 美分。"

当天小麦的最低成交价是 1.51 美元，第二天马上就回升到1.64 美元。在我的印象中，这是我第一次收到这种限价指令成交报告。我发出的第一个指令是按照 1.61 美元的价格买进 500万蒲式耳——市场开盘价位于 1.61 美元，并在 1.61 至 1.54 美元之间波动，最低点 1.54 美元比我第一次的报买价格低 7 美分，这意味着最高点与最低点之间买进会相差 35 万美元。

不久后，我有机会去芝加哥，便跑去咨询当时负责执行我的交易指令的那位经纪人，为什么我的交易指令完成得这样漂亮，究竟是怎么回事。他告诉我，当时他恰好知道有一个卖出3500万蒲式耳的"市价指令"。他马上意识到，由于这笔卖出指令，不管开盘价有多低，开盘后一定会有大量的小麦以低于开盘价卖出，于是他仅仅选择了耐心等待，直到开盘行情的价格区间明朗后才将我的交易指令按"市价"进行交易。

他说，如果不是我的那些买入指令及时到达场内，市场也许会从开盘的水平急剧下跌。

这次交易最终的净盈利超过了300万美元。

这个例子恰恰说明在投机性市场允许卖空的价值，因为持有卖空头寸的人会变成主动购买者，一旦市场出现恐慌，主动买入者的购买行为就会对市场起到至关重要的稳定作用。

现在，这类操作方式已经失效了，因为商品交易管理机构对个人投机者的交易规模进行了限制，规定任何个人在谷物市场上的交易量必须控制在200万蒲式耳以内。此外，虽然在股票市场上并没有个人交易总额的限制，但是按照现行股票市场的卖空规则，操作者也绝不可能像以前那样建立大规模的空头仓位。

因此，我深信旧式的纯粹投机者的日子已经不复存在。他们的位置将会被"半投资者"取代，在未来的市场中，这些"半投资者"没有快速操控如此大规模资金的能力，但却能在一个既定的时间内获得更多的利润，并且能够真正持有这些利润。

我坚信，未来成功的半投资者将一定会有更大的耐心，他们只有在市场的心理时刻真正到来时才会入市操作。最终，也只有他们能够从每一轮大小规模的市场行情中获得比纯粹的投机者更大的利润。

第八章
CHAPTER 8

利弗莫尔股市诀窍

THE LIVERMORE MARKET KEY

利弗莫尔心得

　　终日在股市中买进卖出，捕捉小规模的日内波动。这是不对的，幸亏我及时清醒地认识到这个错误。从此以后，我决定忽略所有股票价格的微小波动。

　　当某只股票成交价达到 30 美元或更高价格时，如果市场从当时的极点回升或回落了大致 6 个点的范围，则表明市场正处于自然回升或自然回调过程。这一轮回升行情或者回调行情并不意味着此前的市场趋势正在改变，仅仅表明市场正在经历一个自然的运动过程，市场趋势依然会与自然回升或回调现象发生之前保持一致。

　　即使你的价格记录已经向你发出了明显的入场信号，要想获得巨大的成功，同时还必须鼓起勇气和迅速行动，犹豫不定会导致你在股市中毫无立足之地。

　　如果你仍然寄希望于等待别人给出某种解释、理由或者保证才开始行动的话，那么你将永远把握不住本属于你的机会。

　　这么多年以来，我全身心地投入投机事业，直到一天我终于顿悟：在股市里，除了价格波动不断重复外，并没有什么新东西出现，尽管不同股票的价格波动有多种多样的表现形式，但是它们却拥有不变的价格波动模式。

　　意识到这一点之后，我马上迫切地想去做一件事情，那就是坚持不懈地维持那些股票的价格记录，让它充分发挥在市场行情预测中的指导作用。我对这项工作投入了极大的兴趣和热情，我开始努力在价格波动中探寻一个关键点，帮助我预测未来的市场行情。这是一项费时费力的工作。

　　现在，再回过头来看我之前所经历的那些初步尝试和努力时，我终于理解为什么付出那么多努力之后仍然不能马上取得成效的原因了。那时，我满脑子都是纯粹的投机思想，我终日不停地努力，幻想设计出一种任何时候都能适用的策略，它能帮助我随意进行股市买进和卖出的交易，并能够协助我及时捕获小规模日内波动现象。这种想法大错特错，幸好我及时清醒地意识到了这个错误。

从那之后，我一直保持对股票的价格记录，我坚信这些信息里存在着真正有用的价值，而且它们正等着我去发掘。终于，记录中所包含的秘密露出了庐山真面目，这些记录很明确地告诉我，它们对于小规模的日内波动现象爱莫能助。但是，如果我善于发现，我就一定能在这些记录中看到股票波动内在的固有的模式，这些模式可以帮助我预测主要的股市行情。

从此以后，我决定忽略所有股票价格的微小波动。

通过对众多价格记录持续、深入的分析和研究，我终于了解到，要想对即将发生的重要价格波动形成正确的判断和预测，时间因素是至关重要的。这为我的研究注入了新的活力，我开始集中精力研究股票市场的时间特性。我力图发现一种能识别构成较小价格波动因素的方法。我深刻认识到，即使市场处在明显的趋势中，其间也会出现非常多的小规模波动。过去它们总是混淆视听，但是现在对我而言，我已经知道它们不再值得我关注了。

在这些价格记录中，我希望弄明白究竟是什么构成了自然回调现象或者自然回升现象的初始阶段。于是，我开始测算价格波动的幅度。起初，我的计算是基于一个点来进行，这并不合适。后来是基于两个点，以此类推，直到我最终得出结论，这个结论代表了那些我认为能构成自然回调现象或者自然回升现象初始阶段的价格波动。

为了便于说明，我绘制了一种特殊设计的表格，专门描绘出不同的列，通过这样的设计，来呈现我所说的预测未来行情波动的图形。在这个表格中，每一只股票的行情都占六列，而价格按照发生的顺序分别记录在每一列中。这六列的标题分别如下：

第一列标上"次级回升"。

第二列标上"自然回升"。

第三列标上"上涨趋势"。

第四列标上"下跌趋势"。

第五列标上"自然回调"。

第六列标上"次级回调"。

在上涨趋势一栏用黑笔填写价格数据，其左面的两列用铅笔填写，下跌趋势一栏用红笔填写，在下跌趋势栏右侧的两列，则还是用铅笔来填写。

这样一来，不管价格数据是填写在上涨趋势栏还是下跌趋势栏中，我都能对当时股市的实际趋势形成强烈而直观的印象。那些用不同颜色标注的数据能反馈给我很多重要而有价值的信息。只要持续使用这种方法，不管是红笔还是黑笔，都会清清楚楚地为我们呈现出真实的市场行情。

当总是用铅笔填写价格数据时，我马上就会明白，这些记录所反映的只不过是自然的波动现象。（在本书的最后一章，我会列出一部分我亲自维护的价格记录，表中斜体的数字表示我在表格中用铅笔记录的数字。）

我认为，当某只股票成交价达到 30 美元或更高价格时，如果市场从当时的极点回升或回落了大致 6 个点的范围，则表明市场正处于自然回升或自然回调过程。这一轮回升行情或者回调行情并不意味着此前的市场趋势正在改变，它仅仅表明市场正在经历一个自然的运动过程，市场趋势仍然会与自然回升或回调现象发生之前的趋势保持一致。

在这里我要解释一下，我并不会把单只股票的趋势变化看作整个股票板块趋势变化的标志。我会将整个股票板块中的两只股票趋势变化结合起来，以此来确定某一类股票板块的趋势是否已经明确发生改变，我将其称之为"关键价格"。换句话说，就是把这两只股票的价格波动结合起来，就可以得出我所谓的"关键价格"。我发现，单只股票有时候会发生足够大的价格波动，以至于可以填入记录表格的上涨趋势或下跌趋势栏中，但是如果只是根据这一只股票来判断的话，就很可能陷入虚假信息的危险之中。只有将两只股票的运动有效结合起来，你对整个股票板块的判断才能得到合理的保证。因此，整个股票板块趋势的改变必须从对两只股票分析得来的关键价格中才能得到确切的证实。

现在让我来进一步介绍"关键价格"的方法。我将严格坚持以 6 个点的波动幅度作为判断基准。在第九章列出的记录表格中，你会观察到，有时候当美国钢铁股的变化幅度只有5个点，而与此同时伯利恒钢铁股的变化则有7个点时，我也会把美国钢铁的价格记录在相应栏目中。因为只有把两只股票的价格波动组合起来，才能构成有助于我们判断行情的"关键价格"，而此时两者之和，即"关键价格"的幅度达到了12个点或更多，这正是记录所需的合适幅度。

当市场波动幅度到达一个记录点时，即两只股票平均波动幅度达到6点时，我便在同一列中接着记录此后每一天市场达到的新的极端价格，也就是说，在上涨趋势中，只要最新价格高于前一次记录的价格，我便将其记录下来；在下跌趋势中，只要最新价格低于前一次记录的价格，我也将其记录下来，以此类推，直到市场开始反向波动才停止。当然，对于市场接下来开始的反方向波动，我也坚持同样的判定基准，即两只股票的反向波动幅度达到平均6点，"关键价格"幅度之和达到12点的准则。

你将会在第九章列出的记录表格中发现，我从没有偏离过这些基准点，无一例外！如果你所记录的结果和我所预测的不一样，我也不会找任何借口。我只是希望你记住，我在价格记录中写下的这些数字并不是我个人的价格，这些基准点是由日内交易记录的实际价格决定的。

在价格记录过程中我们应该遵循一个准则，类似于前面我所说的6点准则，如果我宣扬我已经精确地掌握了这个准则，那就太狂妄自大了。那种断言是极具误导性和虚假性的。我只能说，经过多年的检验和观察，我觉得自己已经越来越接近可以作为维持价格记录的某一个基准点。从这些记录中，我们就能够设想出一张非常形象的图表，它有助于你判定即将到来的重大市场行情。

俗话说：成功取决于决定的瞬间。

当然，即使你的价格记录已经向你发出了明显的入场信号，要想获得巨大的成功，同时还必须拥有足够的勇气和迅速的行动，犹豫不定会导致你在股市中毫无立足之地。你必须按照我前面所说的去锻炼自己的独立思维能力。如果你仍然寄希望于等待别人给出某种解释、理由或者保证才开始行动的话，那么你将永远把握不住本属于你的机会。

为了进一步说明时机的重要性，我举个例子。在所有股票都经历了一轮快速上涨行情后，欧洲战事的爆发使得整个股票市场都发生了自然回调现象。然而后来，除了钢铁类股票之外，另外四个较为显著的股票板块里的所有股票都陆续恢复了全部的下跌幅度，并且再创历史新高。只要按照我的方法维持行情记录，那么在这种情况下，任何人都会集中精力关注钢铁类股票的表现。此时此刻，最重要的就是找出一个理由，说明钢铁类股票为什么没有和其他股票板块一同收复失地的真正原因。当时的确有一个很好的理由！只要持续记录行情的人都能看出，钢铁类股票的表现已经明确说明了该群体的上升运动已经终结。

只是当时我并不知道如何解释这个理由存在的合理性。因此，我很疑惑，甚至一度认为任何人都没法对此做出合理的解释。直到四个月之后，也就是 1940 年 1 月中旬，钢铁股下跌的真正原因才为公众所知。据相关机构发布的一则公告显示，英国政府抛售了超过 10 万股美国钢铁公司的股票，同时加拿大也抛售了 2 万股。这则公告一经发布，美国钢铁的股价相比它在 1939 年 9 月的最高价低了 26 点，伯利恒钢铁则低了 29 点，与钢铁股票的巨幅下跌相比，其他三个显著股票板块中的股票仅仅比它们和钢铁类股票同期到达的最高价位下降了 2 ~ 12 点的幅度。这一事例有效地表明，企图找出"好理由"来证明自己想要买进或卖出某只股票的这一做法是非常荒唐的。如果你非要找到那个能证明你的想法是正确的理由才行动的话，那么就会错失最佳的出手时机。投资者或投机者出手时所需了解的唯一理由就是市场本身的表现，一旦市场的表现不对劲，或者没有按照应有的方式发展——你就有充分的理由立刻改变你的方法，以应对这种变化。记住：一只股票之所以会有这样那样的动作，背后总会有它的理由。还有一点你更应记住，在实际情况中，当市场有所动作时，你并不能马上得知其中的原因，直到动作发生后的某个时间，你才能了解到真正的理由，而当你知道这一切时，却为时已晚，你已经错失了赚取大额利润的良好时机。

我再强调一次，如果你期望利用这套准则帮助你在重大行情里的小规模波动中找到绝佳的点来进行额外交易的话，那将是徒劳无功的。这套准则旨在抓住市场的重大行情，并指示重大行情的开始和结束。如果你对这套准则抱有这种目的的话，那么只要坚持不懈地遵循这套准则，你就会发现它们所蕴涵的独特价值。也许我还应该再重申一点，这套准则最适用于价格大约在 30 美元以上的市场表现极为活跃的股票。虽然这套准则对于预测所有股票的趋势变化同样具有一定的实用性，但是如果要利用它来研究价格极低的股票，就应当对该准则进行相应的调整。

其实，这套准则并不复杂。只要有兴趣去研究它，很快你就能理解和获取它的全部精髓。

在接下来的一章，我将展示我的行情记录表，并对表格中的数据进行详细解释。

第九章
CHAPTER 9

利弗莫尔准则说明

EXPLANATORY RULES

1. 在上涨趋势栏中，使用黑笔填写价格。

2. 在下跌趋势栏中，使用红笔填写价格。

3. 在其余栏中，使用铅笔填写价格。

4.（a）当市场发生回调现象，且下跌幅度距离上涨趋势栏最后一个数字约6点时，你应该把此时的数据填入自然回调栏中。在你填入此数据的第一天，应该在上涨趋势栏最后一个数据下划上红线。

（b）当市场发生回升现象，且上升幅度距离自然回调栏最后一个数字约6点时，你应该把此时的数据填入自然回升栏或上涨趋势栏中。在你填入此数据的第一天，应该在自然回调栏最后一个数据下划上红线。

现在，你已经在你的价格记录中找到了可供参考的两个关键点，根据市场在这两个关键点附近的表现，你就能轻松得出自己的判断，究竟是原来的趋势即将恢复呢，还是原来的趋势即将结束。

（c）当市场发生回升现象，且上升幅度距离下跌趋势栏最后一个数字约 6 点时，你应该把此时的数据填入自然回升栏中。在你填入此数据的第一天，应该在下跌趋势栏最后一个数据下划上黑线。

（d）当市场发生回调现象，且下降幅度距离自然回升栏最后一个数字约 6 点时，你应该把此时的数据填入自然回调栏或下跌趋势栏中。在你填入此数据的第一天，应该在自然回升栏最后一个数据下划上黑线。

5.（a）当你在自然回升栏中做价格记录时，如果最新价格比在自然回升栏内划黑线的最后一个价格涨了 3 点或更多，就应停止在自然回升栏中的记录，转而将该最新价格用黑笔填入上涨趋势栏中。

（b）当你在自然回调栏中做价格记录时，如果最新价格比自然回调栏内划红线的最后一个价格跌了 3 点或更多，就应停止在自然回调栏中的记录，转而将该最新价格用红笔填入下跌趋势栏中。

6.（a）当你在上涨趋势栏中记录好价格后，如果最新价格下跌幅度达到大约 6 点，就应将该最新价格填入自然回调栏中，此后，该股票的最新价格只要低于自然回调栏中最后记录的价格，就应当继续将该最新价格填入自然回调栏中。

（b）当你在自然回升栏记录好价格后，如果最新价格下跌幅度达到大约 6 点，就应将该最新价格填入自然回调栏中，此后，该股票的最新价格只要低于自然回调栏中最后记录的价格，就应当继续将该最新价格填入自然回调栏中。如果最新价格一旦低于下跌趋势栏中最后记录的价格，就应将此最新价格填入下跌趋势栏中。

（c）当你在下跌趋势栏记录好价格后，如果最新价格上涨幅度达到大约 6 点，就应将该最新价格填入自然回升栏中，此后，该股票的最新价格只要高于自然回升栏中最后记录的价格，就应当继续将该最新价格填入自然回升栏中。

（d）当你在自然回调栏记录好价格后，如果最新价格上涨幅度达到大约 6 点，就应将该最新价格填入自然回升栏中，此后，该股票的最新价格只要高于自然回升栏中最后记录的价格，就应当继续将该最新价格填入自然回升栏中。如果最新价格一旦高于上涨趋势栏最后记录的数据，就应将此最新价格填入上涨趋势栏中。

（e）当你在自然回调栏记录数据时，如果最新价格低于下跌趋势栏中最后记录的数字，就应停止在自然回调栏中的记录，转而将该最新价格用红笔填入下跌趋势栏中。

（f）如同上述准则，当你在自然回升栏记录数据时，如果最新价格高于上涨趋势栏中最后记录的价格，就应停止在自然回升栏中的记录，转而将该最新价格用黑笔填入上涨趋势栏中。

（g）当你在自然回调栏中记录数据时，如果最新价格回升了距离自然回调栏最新记录大约 6 点的幅度，同时此价格又低于自然回升栏中最后记录的价格——就应停止在自然回调栏中的记录，转而将这个价格填入次级回升栏中。如果最新价格一直保持这样的状态，则应继续在该栏记录。一旦最新价格高于自然回升栏中最后记录的数据，则应将该最新价格填入自然回升栏中。

（h）当你在自然回升栏记录数据时，如果最新价格回调了大约 6 点的幅度，同时此价格又高于自然回调栏中最后记录的数据——就应停止在自然回升栏中的记录，转而将这个价格填入次级回调栏中，如果最新价格一直保持这样的状态，则应继续在该栏记录。一旦最新价格低于自然回调栏中最后记录的价格，则应将该最新价格填入自然回调栏中。

7. 记录关键价格时，也可以运用同样的准则，只是单只股票以 6 点为准，而关键价格则应以 12 点为准。

8. 一旦你开始在自然回升栏或者自然回调栏中记录价格，那么下跌趋势栏或上涨趋势栏中最后记录的价格就可当成这只股票的关键点。当一轮回升或者回调现象终止后，你就应该开始在与之相反的栏中记录价格，在这种情况下，先前栏中记录的极端价格就可当成另一个关键点。

当这两个关键点都确定之后，这些价格记录的宝贵价值就能为你所用了，它们可以为你正确预测市场的下一次重大运动提供有效的帮助。为了让你能更容易注意到它们，记得在这些关键点的下边划上红线或者黑线。这样做的目的就是要你时刻关注眼前的这些关键点，一旦你新记录的价格接近或者达到这些关键点，你就应该提高警惕，密切关注市场的表现，这些价格记录也将成为你今后交易决策的依据。

9.（a）当你看到下跌趋势栏里用红笔纪录的最后价格下面划有黑线时，此时记录也许是在向你传达在该价格附近买入的信号。

（b）当你看到自然回升栏里记录的价格下面划了黑线时，如果该股票在下一次上涨过程中达到了位于该关键点附近的价格，那么此时正是你预测未来趋势的好时机，你会明确发现市场趋势是否足够强劲，是否会转变发展方向，从而由自然回升进入上涨趋势。

（c）当你看到上涨趋势栏里用黑笔记录的最后价格下面划有红线时，或者自然回调栏记录的最后价格下面划有红线时，那么，你就应该得出与上面论述相反的判断。

10.（a）创造这一整套行情记录的方法，就是为了能让我们更清楚更直观地得出自己的判断，即当某只股票第一次出现自然回升或自然回调现象后是否会沿着此前的趋势发展。如果此前的趋势将会得到积极恢复的话，则不论是暂时的上涨还是下跌行情，市场一定会突破此前的关键点——即单只股票的突破幅度应为3点，而关键价格的突破幅度则为6点。

（b）如果某种股票此前处于上涨趋势，其在一轮回调行情中，下跌幅度超过了最新关键点（即上涨趋势栏中下边划有红线的数字）3点或更多，则预示该股票的上涨趋势可能已经结束。

（c）同理，上述准则也可以运用于下跌趋势。如果下跌趋势将会得到积极恢复的话，那么在一轮自然回升行情结束后，最新价格下跌幅度应该在最新关键点（即下跌趋势栏中下边划有黑线的数字）之下3点或更多，此时，最新价格应该记录在下跌趋势栏。

（d）如果该股票不能得到积极的恢复，并且在一轮自然回升行情中，最新价格的上升幅度在最新关键点（在下跌趋势栏中，下边划有黑线的数字）之上3点或更多，则预示该股票的下跌趋势可能已经结束。

（e）当你正在自然回升栏中记录数据时，如果此时的上升行情在还没到达上涨趋势栏的最新关键点（下边划有红线的数字）就结束了，而且该股票紧接着便开始下跌3点或更多，那么这便是一个非常危险的信号，预示该股票的上涨趋势可能已经结束。

（f）当你正在自然回调栏中记录数据时，如果此时的回调行情在还没有到达下跌趋势栏的最新关键点（下边划有黑线的数字）就结束了，而且该股票紧接着便开始上涨了3点或更多，那么这便是一个危险信号，预示该股票的下跌趋势可能已经完结。

表一

4月2日,股票价格记入自然回升栏中(参考准则说明 6-b)。在下跌趋势栏中最后价格下划上黑线(参考准则说明 4-c)。

4月28日,股票价格记入自然回调栏中(参考准则说明 4-d)。

表一

	次级回升	自然回升	上涨趋势	下跌趋势	自然回调	次级回调	自然回升	上涨趋势	下跌趋势	自然回调	次级回调	自然回升	上涨趋势	下跌趋势	自然回调	次级回调
		$65\frac{3}{8}$						57						$122\frac{3}{4}$		
				$48\frac{1}{2}$						*$45\frac{1}{4}$*						*$91\frac{3}{4}$*
		$62\frac{1}{8}$						$65\frac{7}{8}$						128		*$98\frac{5}{8}$*
				$48\frac{1}{4}$						*$50\frac{1}{8}$*						
1938								$56\frac{7}{8}$								
日期				美国钢铁					伯利恒钢铁					关键价格		
3月23日				47						*$50\frac{1}{4}$*						*$97\frac{1}{4}$*
24																
25				$44\frac{3}{4}$					$46\frac{3}{4}$					$91\frac{1}{2}$		
26◆				44					46					90		
28				$43\frac{5}{8}$										$89\frac{5}{8}$		
29				$39\frac{5}{8}$					43					$82\frac{5}{8}$		
30				39					$42\frac{1}{8}$					$81\frac{1}{8}$		
31				38					40					78		
4月1日																
2◆		*$43\frac{1}{4}$*					*$46\frac{5}{8}$*					*$89\frac{7}{8}$*				
4																
5																
6																
7																
8																
9◆		*$46\frac{1}{2}$*					*$49\frac{3}{4}$*					*$96\frac{1}{4}$*				
11																
12																
13		*$47\frac{1}{4}$*										*97*				
14		*$47\frac{1}{4}$*										*$97\frac{1}{4}$*				
16◆			49					52					101			
18																
19																
20																
21																
22																
23◆																
25																
26																
27																
28					*43*											
29					*$42\frac{7}{8}$*					*45*						*$87\frac{5}{8}$*
30◆																
5月2日					*$41\frac{1}{2}$*					*$44\frac{1}{4}$*						*$85\frac{1}{4}$*
3																
4																

说明：标有"◆"的日期代表星期六，斜体代表铅笔记录的数字。

表二

将前一页所记录的关键点又记入这个表格的最前端，是为了让这些关键点始终呈现在你面前。

5月5日至5月21日，在此期间，没有任何价格记录是因为股票价格一直低于自然回调栏中最后记录的价格，且也没有任何上升的价格记录。

5月27日，伯利恒钢铁股价低于下跌趋势栏中之前记录的价格，故用红笔标记（参考准则说明6-c）。

6月10日，伯利恒钢铁股价记入次级回升栏中。

注：6月2日，伯利恒钢铁股价在43出现买进信号。当天，美国钢铁股价在42.25出现买进信号。

表二

	次级回升	自然回升	上涨趋势	下跌趋势	自然回调	次级回调	次级回升	自然回升	上涨趋势	下跌趋势	自然回调	次级回调	次级回升	自然回升	上涨趋势	下跌趋势	自然回调	次级回调
				38						40						78		
		49						52						101				
1938				$41\frac{1}{2}$						$44\frac{1}{4}$						$85\frac{3}{4}$		
日期			美国钢铁						伯利恒钢铁						关键价格			
5 月 5 日																		
6																		
7 ◆																		
9																		
10																		
11																		
12																		
13																		
14 ◆																		
16																		
17																		
18																		
19																		
20																		
21 ◆																		
23										$44\frac{1}{8}$						$85\frac{1}{4}$		
24										$43\frac{1}{2}$						85		
25				$41\frac{5}{8}$						$42\frac{1}{2}$						$83\frac{7}{8}$		
26				$40\frac{1}{8}$						$40\frac{1}{2}$						$80\frac{5}{8}$		
27				$39\frac{7}{8}$						$39\frac{3}{4}$						$79\frac{5}{8}$		
28 ◆																79		
31				$39\frac{1}{4}$														
6 月 1 日																		
2																		
3																		
4 ◆																		
6																		
7																		
8																		
9																		
10					$46\frac{1}{2}$													
11 ◆																		
13																		
14																		
15																		
16																		

说明：标有"◆"的日期代表星期六，斜体代表铅笔记录的数字。

表三

6 月 20 日，美国钢铁股价记入次级回升栏（参考准则说明 6-g）。

6 月 24 日，美国钢铁股价和伯利恒钢铁股价用黑笔记入上涨趋势栏中（参考准则说明 5-a）。

7 月 11 日，美国钢铁股价和伯利恒钢铁股价记入自然回调栏中（参考准则说明 6-a，4-a）。

7 月 19 日，美国钢铁股价和伯利恒钢铁股价用黑笔记入上涨趋势栏中，这些价格高于上涨趋势栏中之前记录的最后价格（参考准则说明 4-b）。

表三

日期	次级回升	自然回升	上涨趋势	下跌趋势	自然回调	次级回调	次级回升	自然回升	上涨趋势	下跌趋势	自然回调	次级回调	次级回升	自然回升	上涨趋势	下跌趋势	自然回调	次级回调
				38						40						78		
		49						52							101			
			$39\frac{1}{4}$							$39\frac{3}{4}$							79	
1938								$46\frac{1}{2}$										
日期			美国钢铁						伯利恒钢铁						关键价格			
6月17日																		
18◆																		
20	$45\frac{5}{8}$						$48\frac{1}{8}$						$95\frac{5}{8}$					
21	$46\frac{1}{8}$						$49\frac{7}{8}$						$96\frac{5}{8}$					
22	$48\frac{1}{8}$						$50\frac{7}{8}$						$99\frac{5}{8}$					
23		$51\frac{1}{8}$						$53\frac{1}{4}$						$104\frac{1}{2}$				
24		$53\frac{3}{4}$							$55\frac{1}{8}$						$108\frac{7}{8}$			
25◆		$54\frac{7}{8}$							$58\frac{1}{8}$						113			
27																		
28																		
29		$56\frac{7}{8}$							$60\frac{1}{8}$						117			
30		$58\frac{3}{8}$							$61\frac{5}{8}$						120			
7月1日		59													$120\frac{5}{8}$			
2◆		$60\frac{7}{8}$							$62\frac{1}{2}$						$123\frac{3}{8}$			
5																		
6																		
7			$61\frac{3}{4}$												$124\frac{1}{4}$			
8																		
9◆																		
11				$55\frac{5}{8}$						$56\frac{5}{8}$						$112\frac{5}{8}$		
12				$55\frac{1}{2}$												$112\frac{1}{4}$		
13																		
14																		
15																		
16◆																		
18																		
19		$62\frac{3}{8}$							$63\frac{1}{8}$						$125\frac{1}{2}$			
20																		
21																		
22																		
23◆																		
25		$63\frac{1}{4}$													$126\frac{3}{8}$			
26																		
27																		
28																		
29																		

说明：标有"◆"的日期代表星期六，斜体代表铅笔记录的数字。

117

表四

8 月 12 日，美国钢铁股价记入次级回调栏中，因为其价格并没有低于自然回调栏中之前记录的最后价格。当天，伯利恒钢铁股价记入自然回调栏中，其价格低于自然回调栏中之前记录的最后价格。

8 月 24 日，美国钢铁股价和伯利恒钢铁股价记入自然回升栏中（参考准则说明 6–d）。

8 月 29 日，美国钢铁股价和伯利恒钢铁股价记入次级回调栏中（参考准则说明 6–h）。

表四

	次级回升	自然回升	上涨趋势	下跌趋势	自然回调	次级回调	次级回升	自然回升	上涨趋势	下跌趋势	自然回调	次级回调	次级回升	自然回升	上涨趋势	下跌趋势	自然回调	次级回调
			$61\frac{3}{4}$						$62\frac{1}{2}$						$124\frac{1}{4}$			
				$55\frac{1}{2}$							$56\frac{5}{8}$						$112\frac{1}{2}$	
			$63\frac{1}{4}$						$63\frac{1}{8}$						$126\frac{3}{8}$			
1938																		
日期			美国钢铁						伯利恒钢铁						关键价格			
7月30日◆																		
8月1日																		
2																		
3																		
4																		
5																		
6◆																		
8																		
9																		
10																		
11																		
12					$56\frac{5}{8}$						$54\frac{7}{8}$						$111\frac{1}{2}$	
13◆					$56\frac{1}{2}$						$54\frac{5}{8}$						$111\frac{1}{8}$	
15																		
16																		
17																		
18																		
19																		
20◆																		
22																		
23																		
24		$61\frac{5}{8}$						$61\frac{5}{8}$						123				
25																		
26		$61\frac{7}{8}$						$61\frac{1}{2}$						$123\frac{5}{8}$				
27◆																		
29					$56\frac{1}{8}$						55						—	
30																		
31																		
9月1日																		
2																		
3◆																		
6																		
7																		
8																		
9																		
10◆																		

说明：标有"◆"的日期代表星期六，斜体代表铅笔记录的数字。

表五

9月14日，美国钢铁股价记入下跌趋势栏中（参考准则说明5-b）。当天，伯利恒钢铁股价记入自然回调栏中，因为其价格没有低于自然回调栏中先前划红线的价格的3个点。

9月20日，美国钢铁股价和伯利恒钢铁股价记入自然回升栏中（美国钢铁股价，参考准则说明6-c；伯利恒钢铁股价，参考准则说明6-d）。

9月24日，美国钢铁股价用红笔记入下跌趋势栏中，成为这一栏中的一个新价格。

9月29日，美国钢铁股价记入次级回升栏中（参考准则说明6-g）。

10月5日，美国钢铁股价用黑笔记入上涨趋势栏中（参考准则说明5-a）。

10月8日，伯利恒钢铁股价用黑笔记入上涨趋势栏中（参考准则说明6-d）。

表五

	次级回升	自然回升	上涨趋势	下跌趋势	自然回调	次级回调	次级回升	自然回升	上涨趋势	下跌趋势	自然回调	次级回调	次级回升	自然回升	上涨趋势	下跌趋势	自然回调	次级回调
			$63\frac{1}{4}$						$63\frac{1}{8}$						$126\frac{3}{8}$			
				$55\frac{1}{2}$						$54\frac{5}{8}$						$111\frac{1}{8}$		
		$61\frac{7}{8}$						$61\frac{1}{2}$						$125\frac{5}{8}$				
1938						$56\frac{1}{8}$						55						
日期			美国钢铁						伯利恒钢铁						关键价格			
9月12日																		
13					$54\frac{1}{4}$						$53\frac{5}{8}$						$107\frac{7}{8}$	
14				52						$52\frac{1}{2}$						$104\frac{1}{2}$		
15																		
16																		
17 ◆																		
19																		
20	$57\frac{5}{8}$						$58\frac{1}{4}$											
21		58												$116\frac{1}{4}$				
22																		
23																		
24 ◆				$51\frac{7}{8}$						52						$103\frac{7}{8}$		
26				$51\frac{1}{8}$						$51\frac{1}{4}$						$102\frac{3}{8}$		
27																		
28				$50\frac{7}{8}$						51						$101\frac{7}{8}$		
29	$57\frac{1}{8}$						$57\frac{3}{8}$						$114\frac{7}{8}$					
30		$59\frac{1}{4}$						$59\frac{1}{2}$						$118\frac{3}{8}$				
10月1日 ◆		$60\frac{1}{4}$						60						$120\frac{1}{4}$				
3		$60\frac{5}{8}$						$60\frac{5}{8}$						$120\frac{5}{8}$				
4																		
5			62						62						124			
6			63						63						126			
7																		
8 ◆			$64\frac{1}{4}$						64						$128\frac{1}{4}$			
10																		
11																		
13			$65\frac{3}{8}$						$65\frac{1}{8}$						$130\frac{1}{2}$			
14																		
15 ◆																		
17																		
18																		
19																		
20																		
21																		
22 ◆			$65\frac{7}{8}$						$67\frac{1}{2}$						$133\frac{3}{8}$			
24			66												$133\frac{1}{2}$			

说明：标有"◆"的日期代表星期六，斜体代表铅笔记录的数字。

表六

11 月 18 日，美国钢铁股价和伯利恒钢铁股价记入自然回调栏中（参考准则说明 6–a）。

表六

	次级回升	自然回升	上涨趋势	下跌趋势	自然回调	次级回调	次级回升	自然回升	上涨趋势	下跌趋势	自然回调	次级回调	次级回升	自然回升	上涨趋势	下跌趋势	自然回调	次级回调
1938			66						$67\frac{1}{2}$						$133\frac{1}{2}$			
日期			美国钢铁						伯利恒钢铁						关键价格			
10月25日			$66\frac{1}{8}$						$67\frac{7}{8}$						134			
26																		
27			$66\frac{1}{2}$						$68\frac{7}{8}$						$135\frac{3}{8}$			
28																		
29◆																		
31																		
11月1日									69						$135\frac{1}{2}$			
2																		
3									$69\frac{1}{2}$						136			
4																		
5◆																		
7			$66\frac{3}{4}$						$71\frac{7}{8}$						$138\frac{5}{8}$			
9			$69\frac{1}{2}$						$75\frac{3}{8}$						$144\frac{7}{8}$			
10			70						$75\frac{1}{2}$						$145\frac{1}{2}$			
12◆			$\underline{71\frac{1}{4}}$						$\underline{77\frac{5}{8}}$						$\underline{145\frac{7}{8}}$			
14																		
15																		
16																		
17																		
18					*$65\frac{1}{8}$*						*$71\frac{1}{8}$*						*137*	
19◆																		
21																		
22																		
23																		
25																		
26◆					*$65\frac{1}{4}$*						*$71\frac{1}{4}$*						*$134\frac{3}{4}$*	
28					*$\underline{61}$*						*$\underline{68\frac{1}{4}}$*						*$\underline{129\frac{1}{4}}$*	
29																		
30																		
12月1日																		
2																		
3◆																		
5																		
6																		
7																		
8																		

说明：标有"◆"的日期代表星期六，斜体代表铅笔记录的数字。

表七

12月14日，美国钢铁股价和伯利恒钢铁股价记入自然回升栏中（参考准则说明 6-d）。

12月28日，伯利恒钢铁股价用黑笔记入上涨趋势栏中，此价格高于上涨趋势栏中之前记录的最后价格。

1月4日，根据利弗莫尔准则，市场下一轮趋势将开始显现（参考准则说明 10-a、10-b）。

1月12日，美国钢铁股价和伯利恒钢铁股价记入次级回调栏中（参考准则说明 6-h）。

表七

	次级回升	自然回升	上涨趋势	下跌趋势	自然回调	次级回调	次级回升	自然回升	上涨趋势	下跌趋势	自然回调	次级回调	次级回升	自然回升	上涨趋势	下跌趋势	自然回调	次级回调
			$71\frac{1}{4}$						$77\frac{5}{8}$						$148\frac{7}{8}$			
				61						$68\frac{3}{4}$						$129\frac{3}{4}$		
1938																		
日期			美国钢铁						伯利恒钢铁						关键价格			
12月9日																		
10◆																		
12																		
13																		
14		$66\frac{5}{8}$						$75\frac{1}{4}$						$141\frac{7}{8}$				
15		$67\frac{1}{8}$						$76\frac{5}{8}$						$143\frac{1}{8}$				
16																		
17◆																		
19																		
20																		
21																		
22																		
23																		
24◆																		
27																		
28		$67\frac{3}{4}$							78					$145\frac{3}{4}$				
29																		
30																		
31◆																		
1939年 1月3日																		
4		70							80						150			
5																		
6																		
7◆																		
9																		
10																		
11												$73\frac{1}{4}$						
12					$62\frac{5}{8}$							$71\frac{1}{2}$					$134\frac{1}{8}$	
13																		
14◆																		
16																		
17																		
18																		
19																		
20																		
21◆					62							$69\frac{1}{2}$					$131\frac{1}{2}$	

说明：标有"◆"的日期代表星期六，斜体代表铅笔记录的数字。

125

表八

1 月 23 日，美国钢铁股价和伯利恒钢铁股价记入下跌趋势栏中（参考准则说明 5-b）。

1 月 31 日，美国钢铁股价和伯利恒钢铁股价记入自然回升栏中（参考准则说明 6-c，4-c）。

表八

日期	次级回升	自然回升	上涨趋势	下跌趋势	自然回调	次级回调	次级回升	自然回升	上涨趋势	下跌趋势	自然回调	次级回调	次级回升	自然回升	上涨趋势	下跌趋势	自然回调	次级回调
			$71\frac{1}{4}$						$77\frac{5}{8}$						$148\frac{7}{8}$			
				61							$68\frac{3}{4}$					$129\frac{5}{8}$		
		70							80					150				
1939					62			$69\frac{1}{2}$										$131\frac{1}{2}$
日期			美国钢铁						伯利恒钢铁						关键价格			
1月23日				$57\frac{7}{8}$						$63\frac{3}{4}$						$121\frac{5}{8}$		
24				$56\frac{1}{2}$						$63\frac{1}{4}$						$119\frac{3}{4}$		
25				$55\frac{5}{8}$						63						$118\frac{5}{8}$		
26				$53\frac{1}{4}$						$60\frac{1}{4}$						$113\frac{1}{2}$		
27																		
28◆																		
30																		
31		$59\frac{1}{2}$						$68\frac{1}{2}$						128				
2月1日																		
2		60												$128\frac{1}{2}$				
3																		
4◆		$60\frac{5}{8}$						69						$129\frac{5}{8}$				
6								$69\frac{7}{8}$						$130\frac{3}{4}$				
7																		
8																		
9																		
10																		
11◆																		
14																		
15																		
16								$70\frac{3}{4}$						$131\frac{1}{8}$				
17		$61\frac{1}{8}$						$71\frac{1}{4}$						$132\frac{3}{8}$				
18◆		$61\frac{1}{4}$												$132\frac{1}{2}$				
20																		
21																		
23																		
24		$62\frac{1}{4}$						$72\frac{5}{8}$						$134\frac{5}{8}$				
25◆		$63\frac{1}{4}$						$74\frac{1}{4}$						$138\frac{1}{2}$				
27																		
28		$64\frac{3}{8}$						75						$139\frac{5}{8}$				
3月1日																		
2																		
3		$64\frac{7}{8}$						$75\frac{1}{8}$						140				
4◆								$75\frac{1}{2}$						$140\frac{5}{8}$				
6																		
7																		

说明：标有"◆"的日期代表星期六，斜体代表铅笔记录的数字。

表九

　　3 月 16 日，美国钢铁股价和伯利恒钢铁股价记入自然回调栏中（参考准则说明 6–b ）。

　　3 月 30 日，美国钢铁股价记入下跌趋势栏中，此价格低于下跌趋势栏中之前记录的最后价格。

　　3 月 31 日，伯利恒钢铁股价记入下跌趋势栏中，此价格低于下跌趋势栏中之前记录的最后价格。

　　4 月 15 日，美国钢铁股价和伯利恒钢铁股价记入自然回升栏中（参考准则说明 6–c ）。

表九

日期	次级回升	自然回升	上涨趋势	下跌趋势	自然回调	次级回调	次级回升	自然回升	上涨趋势	下跌趋势	自然回调	次级回调	次级回升	自然回升	上涨趋势	下跌趋势	自然回调	次级回调
				$53\frac{1}{4}$						$60\frac{1}{4}$						$113\frac{1}{2}$		
1939		$64\frac{7}{8}$						$75\frac{1}{2}$						$140\frac{3}{8}$				
日期			美国钢铁						伯利恒钢铁						关键价格			
3月8日		65												$140\frac{1}{2}$				
9		$65\frac{1}{2}$						$75\frac{7}{8}$						$141\frac{3}{8}$				
10																		
11◆																		
13																		
14																		
15																		
16					$59\frac{5}{8}$						$69\frac{1}{8}$						$128\frac{7}{8}$	
17					$56\frac{3}{4}$						$66\frac{3}{4}$						$125\frac{1}{8}$	
18◆					$54\frac{3}{4}$						65						$119\frac{5}{8}$	
20																		
21																		
22					$53\frac{1}{2}$						$65\frac{5}{8}$						$117\frac{7}{8}$	
23																		
24																		
25◆																		
27																		
28																		
29																		
30				$52\frac{1}{8}$							62						$114\frac{1}{8}$	
31				$49\frac{7}{8}$						$58\frac{3}{4}$						$108\frac{5}{8}$		
4月1日◆																		
3																		
4				$48\frac{1}{4}$						$57\frac{5}{8}$						$105\frac{7}{8}$		
5																		
6				$47\frac{1}{4}$						$55\frac{1}{2}$						$102\frac{3}{4}$		
8◆				$44\frac{7}{8}$						$52\frac{1}{2}$						$97\frac{3}{8}$		
10																		
11				$44\frac{3}{8}$						$51\frac{5}{8}$						96		
12																		
13																		
14																		
15◆		50						$58\frac{1}{2}$						$108\frac{1}{2}$				
17																		
18																		
19																		

说明：标有"◆"的日期代表星期六，斜体代表铅笔记录的数字。

表十

　　5 月 17 日，美国钢铁股价和伯利恒钢铁股价记入自然回调栏中。5 月 18 日，美国钢铁股价记入下跌趋势栏中（参考准则说明 6–d）。5 月 19 日，在记录伯利恒钢铁股价时，由于这个价格与下降趋势栏中之前记录的最后价格一致，故在下跌趋势栏中划一条红线。

　　5 月 25 日，美国钢铁股价和伯利恒钢铁股价记入次级回升栏中（参考准则说明 6–d）。

表十

日期	次级回升	自然回升	上涨趋势	下跌趋势	自然回调	次级回调	次级回升	自然回升	上涨趋势	下跌趋势	自然回调	次级回调	次级回升	自然回升	上涨趋势	下跌趋势	自然回调	次级回调
				$44\frac{3}{8}$						$51\frac{5}{8}$						96		
1939		50						$58\frac{1}{2}$						$108\frac{1}{2}$				
日期			美国钢铁						伯利恒钢铁						关键价格			
4月20日																		
21																		
22◆																		
24																		
25																		
26																		
27																		
28																		
29◆																		
5月1日																		
2																		
3																		
4																		
5																		
6◆																		
8																		
9																		
10																		
11																		
12																		
13◆																		
15																		
16																		
17				$44\frac{5}{8}$						52						$96\frac{5}{8}$		
18				$43\frac{1}{2}$												$95\frac{1}{4}$		
19										—						$94\frac{7}{8}$		
20◆																		
22																		
23																		
24																		
25	$48\frac{5}{8}$						$57\frac{5}{8}$						$106\frac{1}{8}$					
26	49						58						107					
27◆	$49\frac{5}{8}$						—						$107\frac{7}{8}$					
29		$50\frac{1}{4}$						$59\frac{1}{4}$						$109\frac{1}{4}$				
31		$50\frac{7}{8}$						60						$110\frac{7}{8}$				
6月1日																		

说明：标有"◆"的日期代表星期六，斜体代表铅笔记录的数字。

131

表十一

6 月 16 日，伯利恒钢铁股价记入自然回调栏中（参考准则说明 6–b）。

6 月 28 日，美国钢铁股价记入自然回调栏中（参考准则说明 6–b）。

6 月 29 日，伯利恒钢铁股价记入下跌趋势栏中，此价格低于下跌趋势栏中之前记录的最后价格。

7 月 13 日，美国钢铁股价和伯利恒钢铁股价记入次级回升栏中（参考准则说明 6–g）。

表十一

日期	次级回升	自然回升	上涨趋势	下跌趋势	自然回调	次级回调	次级回升	自然回升	上涨趋势	下跌趋势	自然回调	次级回调	次级回升	自然回升	上涨趋势	下跌趋势	自然回调	次级回调
				$44\frac{3}{8}$						$51\frac{5}{8}$						96		
		50						$58\frac{1}{2}$						$108\frac{1}{2}$				
				$43\frac{1}{4}$						—						$94\frac{7}{8}$		
1939		$50\frac{7}{8}$						60						$110\frac{7}{8}$				
日期			美国钢铁						伯利恒钢铁						关键价格			
6月2日																		
3 ◆																		
5																		
6																		
7																		
8																		
9																		
10 ◆																		
12																		
13																		
14																		
15																		
16												54						
17 ◆																		
19																		
20																		
21																		
22																		
23																		
24 ◆																		
26																		
27																		
28					45							$52\frac{1}{2}$					$97\frac{1}{2}$	
29				$43\frac{5}{8}$						51						$94\frac{3}{8}$		
30				$43\frac{5}{8}$						$50\frac{1}{4}$						$93\frac{7}{8}$		
7月1日 ◆																		
3																		
5																		
6																		
7																		
8 ◆																		
10																		
11																		
12																		
13	$48\frac{1}{4}$						$57\frac{1}{4}$						$105\frac{1}{2}$					
14																		

说明：标有"◆"的日期代表星期六，斜体代表铅笔记录的数字。

133

表十二

7 月 21 日，伯利恒钢铁股价记入上涨趋势栏中。7 月 22 日，美国钢铁股价记入上涨趋势栏中（参考准则说明 5–a）。

8 月 4 日，美国钢铁股价和伯利恒钢铁股价记入自然回调栏中（参考准则说明 4–a）。

8 月 23 日，美国钢铁股价记入下跌趋势栏中，此价格低于下跌趋势栏中之前记录的最后价格。

表十二

日期	次级回升	自然回升	上涨趋势	下跌趋势	自然回调	次级回调	次级回升	自然回升	上涨趋势	下跌趋势	自然回调	次级回调	次级回升	自然回升	上涨趋势	下跌趋势	自然回调	次级回调
				$43\frac{1}{4}$						$51\frac{5}{8}$						$94\frac{7}{8}$		
		$50\frac{7}{8}$						60						$110\frac{7}{8}$				
					$43\frac{5}{8}$					$50\frac{1}{4}$						$93\frac{7}{8}$		
1939	$48\frac{1}{4}$						$57\frac{1}{4}$						$105\frac{1}{2}$					
日期			美国钢铁						伯利恒钢铁						关键价格			
7月15日◆																		
17	$50\frac{5}{8}$						$60\frac{5}{8}$							$111\frac{1}{4}$				
18		$51\frac{7}{8}$						62						$113\frac{7}{8}$				
19																		
20																		
21		$52\frac{1}{2}$							63					$115\frac{1}{2}$				
22◆			$54\frac{1}{8}$						65						$119\frac{1}{8}$		
24																		
25			$55\frac{1}{8}$						$65\frac{3}{4}$						$120\frac{7}{8}$		
26																		
27																		
28																		
29◆																		
31																		
8月1日																		
2																		
3																		
4					$49\frac{1}{2}$						$59\frac{1}{2}$						109	
5◆																		
7					$49\frac{1}{4}$												$108\frac{5}{8}$	
8																		
9											59						$108\frac{3}{8}$	
10					$47\frac{5}{8}$						58						$105\frac{3}{8}$	
11					47												105	
12◆																		
14																		
15																		
16																		
17					$46\frac{1}{2}$												$104\frac{1}{2}$	
18					45						$55\frac{1}{8}$						$100\frac{3}{8}$	
19◆																		
21					$43\frac{5}{8}$						$55\frac{3}{8}$						$96\frac{3}{4}$	
22																		
23				$42\frac{5}{8}$													96	
24				$41\frac{5}{8}$							$51\frac{7}{8}$					$93\frac{1}{2}$		
25																		

说明：标有"◆"的日期代表星期六，斜体代表铅笔记录的数字。

135

表十三

8月29日，美国钢铁股价和伯利恒钢铁股价记入自然回升栏中（参考准则说明6-d）。

9月2日，美国钢铁股价和伯利恒钢铁股价记入上涨趋势栏中，此价格高于上涨趋势栏中之前记录的最后价格。

9月14日，美国钢铁股价和伯利恒钢铁股价记入自然回调栏中（参考准则说明6-a、4-a）。

9月19日，美国钢铁股价和伯利恒钢铁股价记入自然回升栏中（参考准则说明6-d、4-b）。

9月28日，美国钢铁股价和伯利恒钢铁股价记入次级回调栏中（参考准则说明6-h）。

10月6日，美国钢铁股价和伯利恒钢铁股价记入次级回升栏中（参考准则说明6-g）。

表十三

日期	次级回升	自然回升	上涨趋势	下跌趋势	自然回调	次级回调	次级回升	自然回升	上涨趋势	下跌趋势	自然回调	次级回调	次级回升	自然回升	上涨趋势	下跌趋势	自然回调	次级回调
			$43\frac{1}{4}$							$50\frac{1}{4}$						$93\frac{7}{8}$		
			$55\frac{1}{8}$						$65\frac{3}{4}$						$120\frac{7}{8}$			
1938			$41\frac{5}{8}$							$51\frac{7}{8}$						$93\frac{1}{2}$		
日期			美国钢铁						伯利恒钢铁						关键价格			
8月26日◆																		
28																		
29		*48*						$60\frac{1}{2}$						$108\frac{1}{2}$				
30																		
31																		
9月1日		*52*						$65\frac{1}{2}$						$117\frac{1}{2}$				
2◆			$55\frac{1}{4}$						$70\frac{3}{8}$						$125\frac{5}{8}$			
5			$66\frac{7}{8}$						$85\frac{1}{2}$						$152\frac{3}{8}$			
6																		
7																		
8			$69\frac{3}{4}$						87						$156\frac{3}{4}$			
9◆			70						$88\frac{3}{4}$						$158\frac{3}{8}$			
11			$78\frac{5}{8}$						100						$178\frac{5}{8}$			
12			$82\frac{5}{8}$												$182\frac{3}{4}$			
13																		
14				$76\frac{5}{8}$						$91\frac{1}{4}$							$168\frac{1}{8}$	
15																		
16◆				$75\frac{1}{2}$						$88\frac{5}{8}$							$165\frac{7}{8}$	
18				$70\frac{1}{2}$						$85\frac{3}{8}$							$154\frac{1}{4}$	
19		*78*						$92\frac{5}{8}$						$170\frac{3}{8}$				
20		*$80\frac{5}{8}$*						$95\frac{5}{8}$						$176\frac{1}{4}$				
21																		
22																		
23◆																		
25																		
26																		
27																		
28					$75\frac{1}{8}$						89							$164\frac{1}{8}$
29					$73\frac{1}{2}$						$86\frac{5}{8}$							$160\frac{3}{8}$
30◆																		
10月2日																		
3																		
4					73						$86\frac{1}{4}$							$159\frac{1}{4}$
5																		
6	$78\frac{1}{2}$						$92\frac{3}{4}$						$171\frac{1}{4}$					
7◆																		

说明：标有"◆"的日期代表星期六，斜体代表铅笔记录的数字。

表十四

11 月 3 日，美国钢铁股价记入次级回调栏中，其价格低于次级回调栏中之前记录的最后价格。

11 月 9 日，美国钢铁股价发生了变化，此价格与自然回调栏中之前记录的最后价格一致，故用黑笔在自然回调栏中划一条黑线。当天，伯利恒钢铁股价记入自然回调栏中，此价格低于自然回调栏中之前记录的最后价格。

表十四

	次级回升	自然回升	上涨趋势	下跌趋势	自然回调	次级回调	次级回升	自然回升	上涨趋势	下跌趋势	自然回调	次级回调	次级回升	自然回升	上涨趋势	下跌趋势	自然回调	次级回调
			<u>$82\frac{3}{4}$</u>						<u>100</u>						<u>$182\frac{3}{4}$</u>			
				$70\frac{1}{2}$						$85\frac{1}{8}$						$154\frac{1}{8}$		
		$80\frac{1}{8}$							$95\frac{5}{8}$						$176\frac{1}{4}$				
					73						$86\frac{1}{8}$							$159\frac{1}{4}$
1939	$78\frac{1}{2}$						$92\frac{5}{8}$						$171\frac{1}{4}$					
日期			美国钢铁						伯利恒钢铁						关键价格			
10月9日																		
10																		
11																		
13																		
14◆																		
16																		
17	$78\frac{7}{8}$						$95\frac{7}{8}$						$172\frac{5}{8}$					
18	$79\frac{1}{4}$												$173\frac{1}{2}$					
19																		
20																		
21◆																		
23																		
24																		
25																		
26																		
27																		
28◆																		
30																		
31																		
11月1日																		
2																		
3					$72\frac{1}{2}$													
4◆																		
6																		
8					$72\frac{1}{8}$							$86\frac{1}{8}$							$158\frac{1}{8}$
9			—							$85\frac{3}{4}$						$153\frac{3}{8}$		
10				$68\frac{5}{8}$						$81\frac{3}{8}$						$150\frac{1}{2}$		
13																		
14																		
15																		
16																		
17																		
18◆																		
20																		
21																		
22																		

说明：标有"◆"的日期代表星期六，斜体代表铅笔记录的数字。

表十五

11 月 24 日，美国钢铁股价记入下跌趋势栏中（参考准则说明 6-e ）。

11 月 25 日，伯利恒钢铁股价记入下跌趋势栏中。

12 月 7 日，美国钢铁股价和伯利恒钢铁股价记入自然回升栏中（参考准则说明 6-c ）。

表十五

日期	次级回升	自然回升	上涨趋势	下跌趋势	自然回调	次级回调	次级回升	自然回升	上涨趋势	下跌趋势	自然回调	次级回调	次级回升	自然回升	上涨趋势	下跌趋势	自然回调	次级回调
			$82\frac{3}{4}$						100						$182\frac{3}{4}$			
				$70\frac{1}{2}$						$83\frac{5}{8}$						$154\frac{1}{4}$		
		$80\frac{5}{8}$						$95\frac{5}{8}$						$176\frac{1}{4}$				
1939					$68\frac{3}{4}$						$81\frac{5}{8}$						$150\frac{1}{2}$	
日期			美国钢铁						伯利恒钢铁						关键价格			
11月24日				$66\frac{7}{8}$						81						$147\frac{7}{8}$		
25 ♦										$80\frac{3}{4}$						$147\frac{5}{8}$		
27																		
28																		
29				$65\frac{7}{8}$						$78\frac{1}{8}$						144		
30				$63\frac{5}{8}$						77						$140\frac{5}{8}$		
12月1日																		
2 ♦																		
4																		
5																		
6																		
7		$69\frac{3}{4}$						84						$155\frac{3}{4}$				
8																		
9 ♦																		
11																		
12																		
13																		
14								$84\frac{7}{8}$						$154\frac{7}{8}$				
15																		
16 ♦																		
18																		
19																		
20																		
21																		
22																		
23 ♦																		
26																		
27																		
28																		
29																		
30 ♦																		
1940年1月2日																		
3																		
4																		
5																		
6 ♦																		

说明：标有"◆"的日期代表星期六，斜体代表铅笔记录的数字。

141

表十六

　　1月9日，美国钢铁股价和伯利恒钢铁股价记入自然回调栏中（参考准则说明6-b）。

　　1月11日，美国钢铁股价和伯利恒钢铁股价记入下跌趋势栏中，此价格低于下跌趋势栏中记录的最后价格。

　　2月7日，伯利恒钢铁股价记入自然回升栏中，这是它自股价下跌以来首次上涨幅度达到6个点。第二天，即2月8日，除伯利恒钢铁股价外，美国钢铁股价和关键价格都记入自然回升栏，后者价格也回升到了记入自然回升栏中所需的合适幅度。

表十六

日期	次级回升	自然回升	上涨趋势	下跌趋势	自然回调	次级回调	自然回升	上涨趋势	下跌趋势	自然回调	次级回调	次级回升	自然回升	上涨趋势	下跌趋势	自然回调	次级回调
				$63\frac{5}{8}$					77						$140\frac{5}{8}$		
1940		$69\frac{1}{4}$					$84\frac{7}{8}$						$154\frac{5}{8}$				
日期			美国钢铁				伯利恒钢铁							关键价格			
1月8日																	
9				$64\frac{1}{4}$			$78\frac{1}{2}$								$142\frac{3}{4}$		
10				$65\frac{3}{4}$											$142\frac{1}{4}$		
11				62					$76\frac{1}{2}$						$138\frac{1}{2}$		
12				$60\frac{1}{8}$					$74\frac{1}{8}$						$134\frac{1}{4}$		
13◆				$59\frac{5}{8}$					$73\frac{1}{2}$						$133\frac{1}{8}$		
15				$57\frac{1}{2}$					72						$129\frac{1}{2}$		
16																	
17																	
18				$56\frac{7}{8}$					$71\frac{1}{2}$						$128\frac{3}{8}$		
19									71						$127\frac{7}{8}$		
20◆																	
22				$55\frac{7}{8}$					$70\frac{1}{8}$						126		
23																	
24																	
25																	
26																	
27◆																	
29																	
30																	
31																	
2月1日																	
2																	
3◆																	
5																	
6																	
7							*$76\frac{5}{8}$*										
8		*61*					*78*						*139*				
9		*$61\frac{3}{4}$*					*$79\frac{1}{2}$*						*$141\frac{1}{4}$*				
10◆																	
13																	
14																	
15																	
16			*$56\frac{1}{8}$*														
17◆																	
19																	

说明：标有"◆"的日期代表星期六，斜体代表铅笔记录的数字。